D0540267

caffis
cymru

Cyhoeddwyd yn 2016 gan
Wasg Gomer, Llandysul, Ceredigion SA44 4JL
www.gomer.co.uk

ISBN 978-1-78562-069-0

Dymuna'r cyhoeddwyr gydnabod cymorth
Cyngor Llyfrau Cymru.

Argraffwyd a rhwymwyd yng Nghymru gan
Wasg Gomer, Llandysul, Ceredigion.

Cyflwyniad

Pleser mawr oedd derbyn y gwahoddiad i ysgrifennu'r gyfrol hon, a phleser pur oedd cael crwydro Cymru ar ei chyfer. Fel ymwelydd cyson â chaffis yma yng Nghymru ac o amgylch y byd, roedd gen i syniad go dda sut i fynd ati. Ond buan iawn y daeth hi'n amlwg fod 'na fwy i'r llyfr hwn na chymharu sgons, wy a sglods, brechdanau a phaneidiau o de.

Wrth ymchwilio ar gyfer *Caffis Cymru* datguddiais gloddfa archaeolegol o hanes cymdeithasol. Dros amser, daeth trysorau megis straeon, sgyrsiau, acenion, ryseitiau a thraddodiadau lleol hynod ddifyr i'r golwg. I rai, mae caffi'n hafan – yn ddihangfa rhag straen bywyd bob dydd; i eraill, mae'n fan cyfarfod er mwyn rhoi'r byd yn ei le, ac i lawer ohonom mae'n rhan annatod o drefn y dydd.

I'w berchennog, mae'r caffi yn fwrlwm o weithgaredd o fore gwyn tan nos. Fiw i neb or-ramantu am redeg ei gaffi ei hun, heb werthfawrogi'r oriau maith o lafur cariad!

Mae gan gaffi llwyddiannus gyfuniad o elfennau – bwyd blasus a phaned dda, i enwi dim ond dwy ohonynt.

Ond mae'r croeso a'r naws arbennig yn sicrhau y byddwch am ddychwelyd – p'run ai mewn cwmni, neu ar eich pen eich hun.

Ar hyd y blynyddoedd mae'r caffi Cymreig ar ei wahanol weddau wedi bod yn fan cyfarfod a thrafod poblogaidd. O dai coffi'r 18fed a'r 19eg ganrif, tai te oes Fictoria, y caffis Bracchi, hyd at y tafarndai llaeth; maent i gyd wedi chwarae rhan bwysig yn hanes cymdeithasol Cymru. Ystyriwch y rôl y chwaraeodd yr Home Café cyn protest Pont Trefechan, neu effaith ysgytwol y geiriau 'Caffi Ffortisimo' ar Jeifin Jenkins! A pheidiwch ag anghofio 'Pat a Janet ac Elsi a Glen', sêr cân Tony ac Aloma, 'Caffi Gaerwen'.

Erbyn troad y mileniwm, disodlwyd nifer o gaffis lleol gan gewri rhyngwladol y stryd fawr. Ond ers rhai blynyddoedd bellach, bu tro ar fyd, wrth i'r ffasiwn droi 'nôl at gaffis annibynnol, tai te, a choffi crefft. Ac fel y darganfyddais ar fy nheithiau, ceir croesbeilliad newydd sbon – y caffi-bwyty-deli-becws-bar.

Mae'r gyfrol hon yn cynnwys hanner cant o gaffis ledled Cymru sydd â rhywbeth go arbennig yn eu cylch. Gyda rhai wedi'u lleoli mewn mannau anghysbell, byddai'n talu i chi gadw copi o'r llyfr hwn wrth law! Ceir pwyslais, yn ogystal, ar unigolion arbennig a chanddynt angerdd tuag at eu milltir sgwâr. Mae nifer ohonynt ar dân i ailgynnau'r diddordeb mewn cynnyrch ac arferion lleol. Yn achos rhai, mae cyflwyno delwedd a chreu 'ymdeimlad o gynefin' yn greiddiol i'w gweledigaeth, yn rhan o'r ysfa gynyddol i godi safonau a disgwyliadau, ac i sefydlu uchelgais newydd ar gyfer y Gymru gyfoes. Yn hynny o beth, hoffwn ddiolch i'r ffotograffydd Emyr Young am ddal ysbryd pob caffi i'r dim.

Diolch hefyd i bawb a fu o gymorth mawr wrth gynnig enwau caffis eithriadol ledled Cymru. Yn anffodus, nid oedd modd cynnwys caffis di-ri, a bu ceisio cadw cydbwysedd yn her a hanner. Coeliwch chi fi, mae hanner cant o enwau eraill ar fy rhestr ar gyfer y gyfrol nesa!

Beth bynnag yw'ch barn am eich hoff gaffi chi, rydych chi'n siŵr o ganfod ffefryn newydd yma. Mae hon yn gyfrol i bawb, ac ar ddiwedd y dydd, does dim angen gwario ffortiwn er mwyn mwynhau yn yr un o'r caffis hyn.

Felly estynnwch am baned, ymgollwch ynddi a threfnwch wibdaith ar eich cyfer chi eich hun!

Lowri Haf Cooke

Cynnwys

Gogledd Orllewin Cymru

Gogledd Ddwyrain Cymru

Canolbarth Cymru

De Orllewin Cymru

De Ddwyrain Cymru

Gogledd Orllewin
Cymru

Aber House
Y Bermo

Un o drefi brafiaf Cymru yw Abermaw, neu'r Bermo, i bobl leol. Os yw hynny'n eich synnu, yna mae'n hen bryd i chi ymweld â hi, gan nad oes unlle gwell ar ddiwrnod o haf. Gyda'i thraeth bendigedig, ei phensaernïaeth Sioraidd, a'r olygfa o Gadair Idris y tu hwnt i afon Mawddach, bu'r Bermo yn atyniad poblogaidd i ymwelwyr di-ri, gan gynnwys perchennog caffi canolog Aber House.

Un o Vienna yn Awstria yw Elisabeth Razumovsky. Yn wreiddiol, fe ddaeth hi i'r Bermo ar ei gwyliau. Fel nifer o'i blaen, gwirionodd ar yr elfennau triphlyg hynny, 'Mountain, Sand and Sea', geiriau a oedd i'w gweld slawer dydd ar boster adnabyddus Rheilffyrdd Prydain.

Tra'r oedd hi'n gweithio fel pobydd yng ngwesty moethus Daniel, yn Vienna, clywodd am fusnes gwely a brecwast ar werth ar stryd fawr y Bermo, ac fe'i prynodd yn 2013. Mae ganddi, bellach, y gorau o'r ddau fyd, gan dreulio'r gaeaf gartre yn eira Awstria, a misoedd y gwanwyn tan yr hydref ym mwynder Meirionnydd.

Aber House, Y Bermo | Gogledd Orllewin Cymru

Yma yng Nghymru, mae'r detholiad o ddanteithion yng nghaffi Aber House heb ei ail, gan gynnwys *apfelstrudel* a hufen, teisen gaws *quark*, cacen eirin, a theisen *praline*. Ar gyfer y rhai sydd â dant at bethau sawrus, beth am blataid o basta cloron (tryffls), sef saig syml o Awstria, ac mae hwnnw yr un mor soffistigedig â'r wledd o deisennau.

Gyda'r gwesty yn Vienna yn ymddangos yn gyson ar dudalennau steil cylchgronau *Wallpaper**, *Monocle* a *Vogue*, cyn bo hir daw'r *hipsters* teithio i ddarganfod Aber House, felly ewch yno tra bod bwrdd ar gael!

Ac er mai geiriau canmoliaethus William Wordsworth am y dre sydd ar wefan Aber House, saif cofeb i'r Prifardd W. D. Williams, y Bermo, ar Theatr y Ddraig gerllaw. Ef yw awdur y 'Gras o Flaen Bwyd' sydd ar gof y Cymry Cymraeg, yr englyn eiconig sy'n cyplysu lluniaeth â llawenydd.

Aber House, Stryd Fawr, Y Bermo, Gwynedd LL42 1DS
01341 280624   *www.aber-house.co.uk*

Aber House, Y Bermo | Gogledd Orllewin Cymru

Andy & Adam's Food
Corris

Bu sôn ers tro am ddirywiad y pentre, ond mae Corris yn gymuned ar i fyny. Ers cau'r rheilffordd a'r chwareli lleol, ymdawelodd bywyd y pentre dros y degawdau, ond bellach, daeth tro ar fyd.

Ychydig lathenni o'r Stiwt mae Idris Stores, siop y pentre, a fu ynghau ers tro. Wedi treulio gwyliau yng Nghorris yn 2011, penderfynodd Andy Richards o'r Amwythig ac Adam Willcox o Dorset ymgartrefu yno. Roedd y ddau wedi laru ar eu swyddi yn Bournemouth, ac yn dyheu am gael byw yn y wlad. Fe brynon nhw dŷ â lle i gadw ieir a magu moch, cyn agor caffi a siop Idris Stores.

Blaenoriaeth y ddau oedd adfer y naws gymunedol, a serch gofod cymharol fychan y siop, mae modd ffitio dwsin o bobl ynddi'n hawdd. Mae'r rhan fwyaf o'r cwsmeriaid yn bentrefwyr siaradus, ond ceir croeso hefyd i ymwelwyr chwilfrydig. Yn wir, mae'r fro yn gyforiog o ganolfannau beicio mynydd a theithiau cerdded eithriadol o hardd. Pennal, Cwm Ralltgoed, Cwm Hengae – maen nhw i gyd o fewn cyrraedd i bentre Corris, lle mae Sir Feirionnydd a Sir Drefaldwyn yn toddi'n un.

Mae'r fwydlen yn un amrywiol ac yn hynod atyniadol, gyda phwyslais ar seigiau llysieuol. Rhowch gynnig ar fyffin tatws melys, nwdls sinsir a tsili sawrus, neu gaws Camembert wedi'i bobi â tsytni tomato sbeislyd a marmalêd nionod cochion.

Ond mae digon o ddewis ar gyfer cig-garwyr hefyd, fel cig Neuadd Fach, Llandinam, cig cwmni Charcutier, a cheir bocsys llysiau Dyffryn Dyfi yn ogystal.

**Andy & Adam's Food, Idris Stores,
Corris, Gwynedd SY20 9SP**
01654 761391 / 07958 316797
www.adam-willcox.squarespace.com

Andy & Adam's Food, Idris Stores, Corris | Gogledd Orllewin Cymru

Becws Islyn
Aberdaron

Wrth deithio ledled Cymru cefais gyngor gwych am gaffis gan bobl leol, a rhaid diolch yn fawr i Gerallt a Cledwyn o Garej Morfa, Harlech, am argymell y trysor hwn. I rai, mae Aberdaron wedi'i leoli ym mhen draw'r byd, ond mae mynd i Fecws Islyn yn werth y daith honno.

Bu'r becws sinc gwreiddiol ar agor yn y pentre am ganrif, cyn denu sylw'r pâr lleol, Gillian a Geraint Jones, o Anelog. Heb braidd dim profiad pobi, heblaw am ambell deisen, aethant ati i sefydlu busnes newydd sbon. Comisiynwyd y pensaer Alwyn Griffith a'r dylunydd Robert David i greu becws a chaffi hynod drawiadol. Does dim modd i chi golli'r tŷ to gwellt traddodiadol, sydd y nesa peth i gartre Hansel a Gretel!

Diolch i hyfforddiant gan Alun, y cyn-berchennog, aeth Geraint ati i ddysgu'r grefft. Bydd yn deffro am 2.30 y bore yn ystod yr haf ac am 5.00 y bore dros fisoedd y gaeaf. Yn y siop cewch dorth graneri, torth gwenith cyflawn neu dorth wen, ymhlith danteithion eraill, a phasteiod a chacennau ffres yn ogystal.

Ymysg y teisennau arbennig mae 'na fynsen eisin,

sy'n ddigon mawr i alw 'chi' arni hi. Ceir hefyd gacen Battenburg, sy'n deyrnged i de pnawn Plas-yn-Rhiw, nid nepell i ffwrdd. Mae traddodiad lleol arall yn cael ei gofio, yn achos y deisen frau ar siâp cragen. Byrbryd i bererinion oedd hon yn wreiddiol wrth iddynt ddilyn ôl troed Sant Cadfan i Ynys Enlli. Un encil, o blith nifer, oedd llethrau mynydd Anelog, ger fferm a bythynnod gwyliau Gillian a Geraint.

Ar lawr ucha'r becws y mae tŷ coffi braf yn gweini te a choffi cwmni Dwyfor. Ac ar y waliau mae darluniau o Frenin Enlli (Love Pritchard, 1842-1926) a Dic Aberdaron gan yr arlunwyr o Bwllheli, Garry Millchip a Darren Evans.

Becws Islyn, Heol Pwllheli, Aberdaron, Gwynedd LL53 8BE
01758 760 370

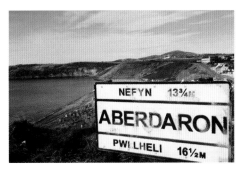

Becws Islyn, Aberdaron | Gogledd Orllewin Cymru

Blue Sky Café
Bangor

Os gofynnwch chi am le i gael coffi da ym Mangor, yr un ateb gewch chi gan bawb – Blue Sky. Dyma guddfan gysurus oddi ar y Stryd Fawr, yn llawn byrddau a meinciau cymunedol. Nid y coffi Poblado lleol yw'r unig atyniad, ond hefyd fwydlen sydd â sêl bendith y *Good Food Guide.*

Y byrgers a'r cyw iâr mewn basged sy'n denu clod y canllaw hwnnw, sy'n dweud huawdl am natur hamddenol y coginio. Ond ceir hefyd bwyslais mawr ar wneud defnydd o gynnyrch lleol – wyau o fferm Tredafydd yn Llithfaen i frecwast, a Chwrw Conwy a Wild Horse, Llandudno fin nos.

Mae'r *chef*, Matt Barlow, yn bobydd o fri, ac yn arbrofi o wythnos i wythnos. Mae'r teisennau'n amrywio o *torte* siocled a tsili i gacennau bach lemwn, cnau pistasio a rhosddwr – sy'n berffaith gyda phaned o'u te Assam arbennig.

Gyda digon o le a'r gael yn y neuadd fawr – lle y cynhaliwyd dawnsfeydd i'r GIs yn ystod yr Ail Ryfel Byd – cynhelir nosweithiau comedi a cherddoriaeth yno'n rheolaidd. Ymhlith y rhai fu'n perfformio yno mae

Huw Warren y pianydd *jazz*, ynghyd â'r artist Catrin Williams, a'r bîtbocsiwr Ed Holden.

Y mae cymaint o gwmnïau cadwyn yn meddiannu'r stryd fawr, mae Blue Sky yn chwifio'r faner dros gwmnïau bach, lleol. Yn wir, mae'r caffi'n rhan o Cilydd, rhwydwaith o gaffis annibynnol yng ngogledd Cymru.

Blue Sky Café, Ambassador Hall, Cefn 236 Y Stryd Fawr, Bangor, Gwynedd LL57 1PA
01248 355444
www.blueskybangor.co.uk

Caffi Castell Harlech
Harlech

Caiff traeth Rhosili ar Benrhyn Gŵyr sylw haeddiannol am safle, yn ardal o brydferthwch naturiol. Ond cystal, os nad gwell, yw traeth eang Harlech, ag Eryri yn gefnlen epig iddo.

Un atyniad yn unig yw'r olygfa ysblennydd hon yng nghaffi newydd Castell Harlech. Ond diolch i'r waliau tryloyw a chynildeb y dodrefn, mae'r tirlun yn gwmni adfywiol.

Trowch eich trem ychydig, ac yna o'ch blaen mae presenoldeb dramatig y castell, symbol o orthrwm Edward I a gwrthryfel Owain Glyndŵr; a chartre Bendigeidfran a'i chwaer yn chwedlau'r Mabinogi hefyd. Gyda hanes yn fyw o'ch cwmpas, mae naws hynod fodern y caffi trawiadol hwn yn annisgwyl ac yn amheuthun. Yn dwyn yr hen a'r newydd ynghyd mewn modd braf ceir cyffyrddiadau bach chwaethus, fel canghennau cadeiriau Vegetal (gan y brodyr Ronan ac Erwan Bouroullec o Quimper yn Llydaw) sy'n cyfeirio'n gynnil at nyth drudwy Branwen.

Gweinyddir y caffi ei hun gan griw'r Llew Glas, y caffi a'r deli ym Mhlas y Goits ar sgwâr y dre. Mae teisennau a sgons Annette yn boblogaidd dros ben, ac yn hyfryd gyda phaned o de. Ond mae'r prydau sawrus yr un mor flasus, gan gynnwys plataid o fwyd y môr: corgimychiaid, pate mecryll, ac eog a brithyll wedi'u cochi gyda salad a dresin lemwn a dil.

Dau gwsmer cyson yw Ifor a Glenys Parry ac maent yn llawn straeon am fecws gwreiddiol y Llew Glas. Darparu'r tân glo ar gyfer y popty oedd gwaith Ifor, a Glenys yn gwerthu'r cynnyrch i bobl leol. Mae gan Ifor gof byw o'r faciwîs yn cyrraedd ar y trên o Lerpwl, tra bod Glenys yn cofio'r hwyl o yrru'r fan yng nghwmni'i ffrind Jini, yn gwerthu toesenni (*doughnuts*) cynta'r fro.

Caffi Castell Harlech, Harlech, Gwynedd LL46 2YH
07765353561   www.caffcastellharlech.com

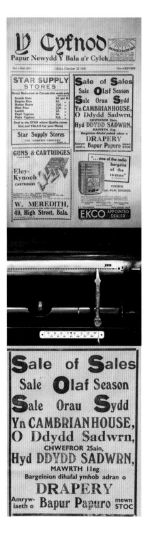

Caffi'r Cyfnod
Y Bala

Ychydig o gaffis yng Nghymru sy'n gweini dau fath o bwdin reis; y pwdin gyda'r croen, a'r un hebddo. Ond nid caffi cyffredin mo'r sefydliad hwn yn y Bala – mae ganddo hanes diddorol iawn.

Argraffwyd y papur newydd lleol, *Yr Wythnos a'r Eryr*, yng nghefn yr adeilad o 1914 ymlaen; ugain mlynedd yn ddiweddarach newidiwyd enw'r papur i *Y Cyfnod*. Wedi hynny, bu'n siop yn gwerthu beics a batris, ac yna'n ystafell de. Ond yn yr 1950au, daeth y caffi i fod, ar ffurf tafarn laeth Y Cyfnod.

Bryd hynny, cafwyd jiwcbocs a *choc ices* rif y gwlith i ddenu ieuenctid y fro. Dim rhyfedd i Gareth Evans, mab y perchennog, sefydlu busnes DJ Disgo'r Werin. Serch troelli recordiau ledled Cymru – gan bawb o Elvis i Edward H – aros yn y Bala wnaeth Gareth, a sefydlu'r Loch Café gyda'i wraig, Eleri, yn 1986, cyn prynu Caffi'r Cyfnod yn 2005. Ac er bod y Wurlitzer bellach wedi hen ymddeol, mae'r caffi'n parhau i fod yn ganolbwynt bywiog i bobl y dre.

I Gareth mae'r diolch am hynny, gŵr sy'n haeddu bod yn destun hunangofiant ynddo'i hun. Serch ei brysurdeb mawr yn y gegin, mae'r croeso'n dwymgalon, a'i hanesion yn rhai gwych.

Mae'r cinio rhost yn chwedlonol. Yn wir, gweinir pryd arbennig bob dydd: amser cinio dydd Llun, ham rhost mêl sydd ar y fwydlen; ceir pastai'r bwthyn bob dydd Mawrth, a golwyth cig moch ddydd Gwener. Mor boblogaidd yw'r *pork chops* fel y daw un dyn lleol â bag i'w lenwi i'w gi ar ddiwedd ei bryd bwyd! Mae'r lobsgows cig oen (darperir y cig gan y cigydd lleol T. H. Roberts a'i fab)

yn boblogaidd iawn hefyd, a'r bara brith cartre, y gellir ei weini wedi'i dostio, yn mynd fel slecs.

Ond yn ogystal â pharchu traddodiadau lleol, mae Gareth yn hapus i symud gyda'r oes, gan weini *pannetone*, a'r coffi melfedaidd *flat white*, i'r rheini sy'n dymuno. Ond mae presenoldeb y papur newydd i'w deimlo o hyd, a'i dudalennau hynafol wedi'u fframio ar waliau'r caffi. A diolch i Mari Jones-Williams, y golygydd ifanc lleol, mae'r papur hefyd yn parhau.

Caffi'r Cyfnod, 48 Stryd Fawr, Y Bala LL23 7AB 01678 521260

Caffi Swellies
Y Felinheli

Mae'n hawdd iawn colli'r troad am Borth Dinorwig, y Felinheli, felly talwch sylw wrth nesáu ato. Dafliad carreg o fwyty Eidalaidd Enoteca saif caffi hyfryd ar lan y Fenai, mewn marina mwy swanc na welwyd erioed yn *Jabas* a *Howards' Way*.

Yn dilyn buddsoddiad sylweddol yn 2013, adferwyd yr hen ddociau er budd y gymuned; yn ganolog i'r datblygiad y mae caffi Swellies, sy'n lle syml ond soffistigedig. Gyda'i ddodrefn *Scandi-chic*, a'i groeso cynnes i bawb, mae'n hafan braf ar lan y Fenai.

Wrthi'n gwthio'r cwch i'r dŵr mae brawd a chwaer lleol, Eddie a Lucy, sy'n dod yn wreiddiol o ddinas Efrog. Eu bwriad wrth agor y caffi oedd cynnig bwydlen gryno, a honno'n un safonol. Braidd fod yna ofod i droi yn y gegin, ac eto, llwydda'r ddau i greu gwyrthiau ben bore – gydag Eddie yn gyfrifol am y brecwastau poblogaidd, a Lucy'n pobi'r cacennau a'r sgons sawrus.

Ar ymweliad ganol gaeaf, ac Eddie newydd dorri ei goes, bu cryn ymddiheuro am gynildeb y fwydlen. Doedd dim rheswm yn y byd i deimlo'n rhwystredig, gan i'r cawl *minestrone* corbwmpen sbeislyd a'r sgon gaws ffres blesio'n fawr ar brynhawn oer a gwlyb.

Bu Lucy'n weinyddes yng Nghaerdydd am sbel, ond wedi blwyddyn fel *au pair* ym Mharis, dychwelodd i'r fro yn llawn syniadau pendant am greu caffi unigryw yn yr ardal. Roedd gan Eddie nod mwy ymarferol – 'i beidio ag agor caffi ofnadwy'. Achosodd hyn iddynt ganolbwyntio ar fanylion bychan iawn, fel cynhwysion y salad a dresin ar ymyl pob plât, ac ymweliad boreol fan Becws Alun – popty lleol ym Mhenmaen-mawr y mae ei gynnyrch o'r safon uchaf.

Erbyn hyn, mae'r caffi bychan wedi creu tipyn o stŵr ymysg paneidwyr a *foodies* y fro; mae 'na sôn fod y caws pob Cymreig yn well na dim sydd i'w gael yn nhre Caernarfon gerllaw – clod yn wir!

Gydag Eddie yn dysgu Cymraeg yn y Felin Sgwrsio ar Stryd Bangor, cofiwch ddechrau sgwrs yn Gymraeg, ac mae'r fwydlen hynod chwaethus yn bleser i'w darllen – i gwsmeriaid llwglyd, *geeks* dylunio a phuryddion iaith!

Caffi Swellies, Marina Porth Dinorwig, Y Felinheli, Gwynedd LL56 4JN
01248 670250

BRECWAST

Ar gael trwy'r dydd

Caffi Swellies, Y Felinheli | Gogledd Orllewin Cymru

Caffi'r Graig Fawr
Porthmadog

Ham & Yam, pei *homity*, Deinosoriaid, *Guando* a *Nubbs* – dim ond rhai o greadigaethau Graham Witeman a'i dîm yng Nghaffi'r Graig Fawr, Porthmadog. Dyma'r caffi poblogaidd ar ganol y stryd fawr, ger y groesffordd â Heol yr Wyddfa.

Fe'i sefydlwyd yn wreiddiol yn 2005 gan Graham, sy'n fab i weinidog, a fu'n byw yn Llundain, Northampton, Milton Keynes a glannau Tyne yn eu tro, cyn glanio yn Llanbedr, ger Harlech, yn ei arddegau hwyr. Wedi pum mlynedd yn gweithio gyda'r gwasanaeth prawf, rhoddodd ei fryd ar sefydlu busnes teuluol gydag ethos cymunedol. Erbyn hyn, mae'n ŵr i Charlotte ac yn dad i saith o blant, ac mae rôl gan bawb ohonynt yn y cwmni!

Heb ronyn o brofiad rhedeg caffi o'r blaen, prynodd hen westy, a sefydlwyd yn 1810, yng nghanol Porthmadog. Etifeddodd y staff ynghyd â'r adeilad, a phrynodd hen gyfarpar becws Tudor gerllaw. Penderfynodd ddechrau'n syml, gan gynnig deg math o ffa pob ar dost, a chyfuno 'cecws a becws' yn un.

Bellach, mae'r Caffi'r Graig Fawr yn ffatri syniadau, a chaiff y rhain eu trafod ymhlith y staff bob bore. Un o'r byrbrydau mwyaf poblogaidd yw'r *Guando* godidog – bacwn, caws *Cheddar*, cennin a thatws (neu fersiwn bupur i feganiaid) wedi'u lapio mewn bara gwyn. Gellir ei fwyta yn unrhyw le ac ar unrhyw bryd! Fel y rhan fwyaf o seigiau'r caffi, mae'n well eu prynu'n weddol gynnar; unwaith y diflanna'r rhain o'r ffenest, does dim mwy i'w cael y diwrnod hwnnw.

Yn sicr, os ydych chi'n chwilio am blataid o tsips, nid dyma'r lle i chi. Fel y dywed Graham ei hun, ceir digon o sglodfannau eraill gerllaw, os mai dyna yw'ch dewis. Ond os oes gennych ddiddordeb mewn prynu'r doesen orau yng Nghymru, ewch yn syth i flaen y ciw. Yn wir, mae'r toesenni cartre yn addas i feganiaid hefyd. Ac fel nifer o'r danteithion eraill, fe'u pobir yn ddyddiol yn y becws tanddaearol sydd o dan eich traed.

Caffi'r Graig Fawr, 71 Stryd Fawr, Porthmadog, Gwynedd LL49 9EU 01766 512 098

Caffi'r Graig Fawr, Porthmadog | Gogledd Orllewin Cymru

Cwt Tatws
Tudweiliog

Dafliad carreg o draeth Towyn, ger pentre Tudweiliog yn Llŷn, saif cwt tatws sydd bedair canrif oed. Bu neb llai na'r Diwygiwr Methodistaidd Hywel Harris yn pregethu yno yn ystod y 18fed ganrif. Am rai blynyddoedd, bu'n storfa datws gampus, cyn troi'n siop hufen iâ hyd at 1986. Yn ddiweddar bu'n stordy caiacau a chanŵs, ond ers 2008 mae wedi troi'n drysor o gaffi a siop Cwt Tatws. Mae hynny diolch yn bennaf i adfywiad angerddol gan Daloni Metcalfe a'i theulu.

Yn dilyn marwolaeth ddisymwth ei thad yng nghyfraith, symudodd Daloni a'i gŵr Wil, i fferm ddefaid a gwartheg Towyn. Yn ogystal â chyflwyno rhaglenni *Ffermio* ar S4C, mae hi'n fam i bump o blant, ac yn cydbwyso dyletswyddau gwraig fferm â'i busnes llewyrchus ei hun. Dechreuodd y cwmni yn y cwt tatws, ac mae bellach yn ffynnu ar-lein. Ond da chi, trefnwch wibdaith am baned a chacen i gael blas o baradwys ym Mhen Llŷn. Mae'n amhosibl osgoi'r demtasiwn i bicio i'r stabl, sydd bellach yn stordy llawn cynnyrch. Ceir yno gelf gywrain, fel gwaith serameg gwefreiddiol Eluned Glyn a chofroddion cyfoes Lowri Davies, gemwaith hardd, bythol boblogaidd Buddug Wyn a darluniau gan Therese Urbanska o Rydyclafdy.

Yn ogystal, mae yna ddetholiad gwych o lestri a dodrefn i'r tŷ, gan gwmnïau a gwneuthurwyr ledled Ewrop. Dychmygwch gyfuniad o Liberty yn Llundain a Baileys yn Rhosan ar Wy, a fyddwch chi ddim yn bell ohoni. Mae'r pwyslais ar liw a gwedd newydd ar y gorffennol, fel yn achos cynnyrch retro Orla Kiely, a chrochenwaith amryliw Da Terra o Bortiwgal.

P'run ai'n prynu neu'n edmygu, byddai'n wirion ymadael heb gael y cyfle i eistedd gyda phaned. Mae'r cwt yn lle da i hel clecs gyda Daloni, neu fel arall, bachwch fwrdd picnic gerllaw. Gwneir defnydd o de a choffi lleol cwmni Dwyfor a gynhyrchir gerllaw yn Nefyn. Dros fisoedd yr haf, cynhelir prynhawniau Pimms a phwdin – mae'r enw yn dweud y cyfan! Ond os am damaid i aros pryd, beth am sleisen o deisen goffi? Paratoir y gacen honno – a'r *brownies* poblogaidd – gan Lois Huws o Sarn Mellteyrn.

Gerllaw mae traeth Towyn, a golygfa odidog dros Fae Ceredigion, lle mae morloi a dolffiniaid i'w gweld ar ddiwrnod braf. Ac os oes arnoch chwant ymestyn eich ymweliad, mae maes gwersylla a charafanau nid nepell i ffwrdd.

**Cwt Tatws, Towyn, Tudweiliog,
Gwynedd LL53 8PD
01758 770600
www.cwt-tatws.co.uk**

Marram Grass
Niwbwrch

Maen nhw'n dweud mai atgofion plentyndod sy'n gadael yr argraff ddyfnaf, ac mae hynny'n wir yn achos y brodyr Barrie o Lerpwl, Ellis a Liam. Mewn llai na degawd, chwyldrodd y ddau sin fwyd Sir Fôn, diolch i'w parch at bobl yr ynys a'i chynnyrch eithriadol.

Yn blant, carai'r ddau ymweld â Bae Cemaes a Rhoscolyn yng ngharafán eu rhieni. Ond pan brynodd eu tad barc carafanau White Lodge yn Niwbwrch yn 2009, ychydig a wyddent ar y pryd sut fyddai hynny'n selio tynged y ddau!

Trodd y brodyr hen gaffi canolfan arddio Lôn Filltir yn gaffi trwyddedig a bwyty o bwys ger moresg traeth Niwbwrch ac Ynys Llanddwyn. Y tro nesa y byddwch chi, felly, yn dymuno dilyn ôl troed Dwynwen, neilltuwch awren am ginio hamddenol.

Mae'r sgodyn a'r sglodion ymysg y gorau yng Nghymru, a phys slwtsh cartre a'r saws *tartare* ffres yn gymdeithlon blasus. Gyda'u persbectif positif ar fwyd y fro, mae'r brodyr yn llysgenhadon gwych dros gynnyrch Cymreig. Daw popeth ar y fwydlen o Gymru, gyda phwyslais ar gynnyrch y famynys: cawl a bara becws Dwyran yn y Gaerwen gerllaw, byrgers cig eidion o Fferm Bodior, Rhoscolyn, a chwrw Bragdy'r Gogarth yn Llandudno. Ond ceir yma hefyd gyfnewidfa gnydau, gyda garddwyr y filltir sgwâr yn cyfnewid eu cynnyrch am dalebau bwyta. Os gwelwch chi domatos y winwydden neu eirin Mair ar y fwydlen, mae'r diolch am hynny i'r trigolion lleol.

Petaech yn digwydd galw am baned a chacen, cewch ddewis helaeth, a rhai diwenith, os yw hynny at eich dant. Ond os dymunech brydferthbeth o bwdin ac iddo waw ffactor go iawn, ewch am bot blodau'r Potting Shed: teisen foron a thro trawiadol yn ei chynffon. Mae'r enw'n deillio o ddisgrifiad ffwrdd-â-hi o'r caffi bach diymhongar hwn. Ond mae'r potyn amlhaenog a hynod chwareus hwn yn haeddu seren Michelin ynddo'i hun!

Marram Grass, White Lodge, Niwbwrch, Ynys Môn LL61 6RS
01248 440 077
www.themarramgrass.com

Marram Grass, Niwbwrch | Gogledd Orllewin Cymru

Taro Deg
Pwllheli

Roedd 'na wastad gacen ar fwrdd y cartre yn Nhal-y-bont, Meirionnydd, drwy gydol plentyndod Llinos Dobson. Gan ei mam y derbyniodd Llinos yr angerdd am goginio, a arweiniodd maes o law at yrfa lwyddiannus. Bu'r *chef* Bryn Williams yn ei chaffi, Taro Deg ym Mhwllheli, fwy nag unwaith, gan farnu mai ei lobsgows hi 'yw'r gorau yng Nghymru'. Ac os ydy yntau'n dotio at ei chacen *rice crispies*, mi allwch fentro y byddwch chithau'n teimlo 'run fath yn union.

Ar ôl cael ei hyfforddi yng Nghaerdydd, a chydredeg cwmni arlwyo, derbyniodd gynnig i sefydlu caffi ym Mhen Llŷn. Blas y Cwmwd oedd hwnnw, sef caffi tŷ gwydr Oriel Plas Glyn y Weddw, Llanbedrog. Tra ei bod yno, yn 2003, fe agorodd ei chaffi ei hun hefyd, sef Taro Deg ym Mhwllheli.

Ar wal yr ystafell gefn caiff cwsmeriaid Taro Deg eu croesawu gan eiriau cân Anweledig: 'Dwi'n gwybod sut ti'n licio dy de'. Fyddai Llinos ddim yn breuddwydio cynnig dim llai na'i ffefryn hi i'w chwsmeriaid yn Taro Deg, sef clasur o baned Glengettie – 'te â blas Cymreig' – a Choffi Dwyfor i blesio paneidwyr Pen Llŷn.

Mae'n bosibl dewis o ystod eang o brydau sawrus, gan ddechrau â brecwastau llawn neu iach ac yna symud at greadigaethau mwy diweddar. Deilliodd rhai o'r rhain o gynllun Tapas Llŷn, megis yr Wy Pendoman: tatws wedi'u stwnsio gyda chennin a chaws Llŷn, ac wy wedi'i botsio ar ben y cyfan.

Y gacen greisionllyd *rice crispies* sy'n gwerthu fwya, heb os, ac er y caiff ei rhannu mewn pecyn bach handi i fynd adre gyda chi, nid *pawb* sy'n dymuno ei rhannu! Mae'r te pnawn yn boblogaidd, lle cewch fersiynau bach, bach o glasuron fel sbwng Fictoria. Mae'r deisen goffi'n taro deuddeg, a'r gacen siocled *ganache* yn hyfryd, ond ffefryn tad Llinos yw'r pwdin bara menyn. A beth, tybed, yw ffefryn ei mam, y wraig a sbardunodd hyn oll? *Pavlova* mefus, mafon a llus yw ei dewis hi.

Taro Deg, Lôn Dywod, Pwllheli,
Gwynedd LL54 5HH
01758 701271

Taro Deg Pwllheli | Gogledd Orllewin Cymru

Tŷ Te Pen Ceunant Isaf
Llanberis

Oherwydd y tywydd cyfnewidiol, does dim sicrwydd bob tro o gyrraedd copa'r Wyddfa, na blasu paned fuddugoliaethus yn Hafod Eryri. Ond p'run ai ar gychwyn eich esgyniad fyddwch chi, neu angen dadebru wedi'r frwydr faith, gallwch fod yn hollol sicr o groeso adfywiol ym Mhen Ceunant Isaf, ar odre'r mynydd ar lwybr Llanberis.

Mae sgwrs â'r perchennog, Steffan Roberts, yn brofiad a hanner, a'i gwmni'n hollol heintus. Dyna, mewn gwirionedd, sydd i gyfri am boblogrwydd y caffi, a'i lwyddiant ers ei agor yn 2001. Nid yn unig y mae Steffan yn awdurdod ar hanes Mynydd Llandygái, ei bentre genedigol cyfagos, ond mae pob gronyn o hanes y bwthyn yn hysbys iddo.

Fe'i hadeiladwyd yn wreiddiol yn 1790 ar gyfer y prif goediwr lleol, Mr Griffiths, a'i gymydog ar y fferm y drws nesa iddo, Pant y Cefn, oedd hen hen daid Steffan. Agorwyd caffi yno 'nôl yn 1841, a ddenodd nifer o enwogion, gan gynnwys William Turner ac Isambard Kingdom Brunel. Yn ystod ail hanner yr ugeinfed ganrif, bu Pen Ceunant Isaf yn dŷ haf, a losgwyd yn ystod ymgyrch Meibion Glyndŵr. Ers ei adfer, mae'n atyniad i ymwelwyr o bob math; yn ôl y sôn, fe draethwyd amdano yn yr *Hindustan Times*. Mae'r popty o Foelyci yn dyddio o 1851, y ddreser o bentre Cwm Celyn, a cheir nifer o luniau di-ri gan Kyffin ar y muriau. Mae'r thema Gymreig yn parhau gydag oriel o brintiadau, a darnau o waith celf gan William Selwyn ac Anna Fôn, ymhlith artistiaid eraill.

Drwy gydol y flwyddyn (gan gynnwys dydd Nadolig), mae croeso Cymreig i'w gael ym Mhen Ceunant Isaf. Gweinir 3,500 torth o fara brith yn flynyddol, ynghyd â sgons, cacennau cri, a chlamp o deisen de. Gall y sychedig ddewis de Tetley, coffi Colombia, neu i'r rhai sydd ddim yn gyrru, beth am gwrw Conwy neu lasied o win cynnes?

Mae'r tŷ te arbennig hwn yn goron ar yrfa faith o redeg caffis llwyddiannus yn lleol – yr Ambassador Hall (lle saif y Blue Sky Café, erbyn hyn), y Caffi Bach a'r Caban Coffi ym Mangor. Mae'n cyfuno holl ddiddordebau Steffan Roberts, gyda'r pwyslais ar gynnig y gorau, a hynny yn Gymraeg.

Tŷ Te Pen Ceunant Isaf, Llwybr yr Wyddfa,
Llanberis, Gwynedd LL55 4UW
01286 872606
www.bwthynteyrwyddfa.com

Ystafell De Blas Llynnon,
Llanddeusant

Ar ôl taro deuddeg gyda chaffi Blas Mwy ar gyrion Llangefni, sefydlodd Gwenan ac Annest Rowlands gangen arall ger Melin Llynnon, yr unig felin wynt weithredol yng Nghymru, ac un sy'n cynnig golygfa wych dros baned a sgon.

Profodd menter y ddau gaffi – sy'n perthyn i Gyngor Ynys Môn – mor llwyddiannus nes i Gwenan ac Annest sefydlu Becws Llynnon, lle y defnyddir blawd mâl gwenith cyflawn y felin i bobi teisennau, pasteiod a bara crefft.

Mae'r felin ei hun (a adeiladwyd yn 1775 ac a adferwyd ar droad y 1980au) yn sicr yn werth ei gweld, cyn ymlwybro draw i'r caffi am baned o de, neu beth am baned o goffi Poblado gyda phlataid o'r triawd Cymreig – bara brith, teisen gri a theisen Berffro – teisen frau siâp cragen sy'n gynhenid i'r ynys, a welwyd ar gyfres deledu *The Great British Bake Off*.

Nid melysion yn unig a weinir yn y caffi llawn cymeriad, ond seigiau sawrus blasus dros ben, fel pastai'r melinydd gyda chig oen, afal a tsili, neu'r

bastai lysieuol o ffacbys a chaws Perl Las.
Nac anghofier y rhôl selsig, y cawl cartre na
chwaith y bara fflat wedi'i dostio â chaws pob
Cymreig.

Mae'r ardal ei hun, yng ngogledd-ddwyrain
yr ynys, yn ddiddorol ar gefn beic neu ar droed.
Dafliad carreg yn unig o'r felin ceir dau dŷ
crwn, adeiladau nodweddiadol o gyfnod yr Oes
Haearn tua 3,000 o flynyddoedd yn ôl.

Cofiwch hefyd am y wefr a brofir yng
nghaffi Blas Mwy, ger arddangosfa barhaol
Kyffin Williams yn Oriel Môn.

**Ystafell De Blas Llynnon, Melin Llynnon,
Llanddeusant, Ynys Môn LL65 4AB**
01407 730633
www.blasllynnon.co.uk

Gogledd Ddwyrain Cymru

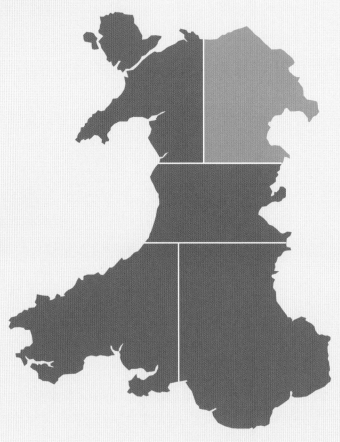

Anne's Patisserie
Y Fflint

Y tro nesa y byddwch chi'n teithio ar un o drenau Arriva Cymru, gweddïwch y bydd 'na oedi yn y Fflint, er mwyn i chi gael blas ar rai o gacennau gorau Cymru. Mae caffi a *patisserie* Anne Elwood, sydd y drws nesa i fynedfa'r orsaf, yn siŵr o'ch denu i mewn am bryd, os nad er mwyn archebu têc-awê.

Partneriaeth yw'r busnes rhwng Anne a'i gŵr James, cyn-*chef* ag arbenigedd mewn melysion. Ar Ynys y Garn (Guernsey) y cyfarfu'r ddau, yng ngwesty'r Duke of Richmond, cyn symud i weithio mewn gwestai ledled Prydain, a chyrraedd Neuadd Sychdyn, Llaneurgain. Ond wedi blynyddoedd o weld fawr ddim ar ei gilydd, penderfynodd y ddau sefydlu menter ar y cyd.

Yn wir, dechreuodd y busnes yn 2003 o gegin y cartre ar gyrion yr Wyddgrug, cyn ehangu i stad ddiwydiannol Bagillt ar lannau afon Dyfrdwy. Mae'r caffi bach dymunol yn ffenest siop wych i un o fusnesau bychain mwyaf llwyddiannus gogledd Cymru. Fe welwch chi'r teisennau ar werth mewn nifer o lefydd eraill, o gaffi siop arddio Jacksons ger

Dyserth, i gaffi siop fferm Ystad y Rhug ger Corwen – heb anghofio siopau Eurospar Dolgellau a Phwllheli.

Mae'r detholiad o deisennau wir yn tynnu dŵr i'r dannedd; does dim dwywaith nad oes 'na gryn arbenigedd ar waith. Yn ogystal â chacennau i nodi achlysuron arbennig, ceir dewis o rai bychain, sy'n amrywio'n ddyddiol o'r traddodiadol i'r cyfoes. Mae'r *meringue* lemwn yn glasur, a *roulade* y Goedwig Ddu yn dra phoblogaidd, ynghyd â'r tartenni Bakewell, tartenni lemwn a thartenni wy. A bron yn amhosibl yw'r dasg o ddethol rhwng y darten siocled a charamel hallt a'r gacen gaws lemwn a mafon – ond dewis sydd raid.

Gofynnwch am gyngor Anne, ar bob cyfri, ond mae hi'n hoff o bob un greadigaeth. Os oes rhaid dewis ei ffefryn ar hyn o bryd, ewch am y *rocky road* gyda phaned o de Earl Grey.

Anne's Patisserie, 2 Sgwâr Trelawney, Y Fflint, Sir y Fflint CH6 5NN
01352 734000
www.annespatisserie.co.uk

Anne's Patisserie, Y Fflint | Gogledd Ddwyrain Cymru

Flat White
Bae Colwyn

Ceir sôn mai yn ninas Sydney y dyfeisiwyd y *flat white* – paned o goffi ffasiynol iawn erbyn hyn. Mae'n baned fwy cyflawn a llai chwerw na *latte* neu *cappuccino*, yn ôl y gwybodusion. Mae'r ewyn melfedaidd â llai o swigod ynddo, a rhoddwyd y bathiad 'melfed gwyn' yn enw Cymraeg arno.

Dyn sy'n deall i'r dim beth yw coffi melfed gwyn yw Steve Russell, cyn-rostiwr a gwerthwr coffi o Gilgwri. Bu'n teithio'n helaeth am flynyddoedd gyda'i waith cyn cyfarfod Sally, ei wraig, yn ninas Lerpwl. Caffis oedd cefndir ei theulu hi yng Nghilgwri, a menter y ddau, a Harriet eu merch, yw caffi Flat White yn nhre Bae Colwyn.

Lleolir y caffi dymunol nid nepell o orsaf y dre Fictoraidd, sy'n atyniad i ymwelwyr hyd heddiw. Mae'r dodrefn amrywiol yn dwyn adlais o'r oes a fu, fel y matiau bwrdd yn arddull William Morris.

Mae'r bwrdd teisennau canolog yn hysbyseb ardderchog ar gyfer dawn Sally yn y gegin. Un o'r goreuon yw'r *tiffin* traddodiadol, rysáit deuluol ei mam, ac mae cacennau ei chyd-*chef*, Carlton, yn werth eu profi hefyd.

O gofio'r enw, ceir pwyslais ar goffi yng nghaffi Flat White, a ffa gwobrwyol Pure Gusto yw dewis arbenigol Steve. Dyma baned a gipiodd wobr Gwir Flas 2015 – y partner perffaith i deisen goffi *flat white*.

**Flat White, 15 Heol Penrhyn,
Bae Colwyn, Sir Ddinbych LL29 8LG
01492 534144**

The Sugar Plum Tea Room
Rhewl ger Rhuthun

Dros hanner can mlynedd ers i orsaf reilffordd Rhewl gau yn 1962, mae 'na fwrlwm newydd i'w brofi'n lleol. Wrth gamu dros riniog un o hen adeiladau'r orsaf, cewch adlais o hwyl yr oes a fu.

Ers 2012, mae yno gaffi unigryw, sef tŷ te llawn *nostalgia*. Mae'r caffi'n ychwanegiad at siop ddodrefn Homewood Bound, cwmni Hazel a John Roberts (sy'n byw yn yr hen orsaf y drws nesa). Dotiai Hazel erioed ar adfer hen gelfi, fel y gwnâi ei nain o Fanceinion gynt. Ond ei dymuniad ers tro, a hithau'n *foodie* brwd, oedd agor caffi.

Fe oedodd am hir, gan ymchwilio i'r eithaf sut i wireddu caffi bach ei dychymyg. Diolch i'w gweledigaeth wreiddiol a'i thîm o weithwyr gwych, dyma un o atyniadau gorau Dyffryn Clwyd. Mae Hazel bellach yn llysgennad dros faes twristiaeth y gogledd-ddwyrain, ac enillodd wobr Gwraig Fusnes Wledig y Flwyddyn 2014; mae'n angerddol dros hybu cyfoeth y fro.

Ymysg y pymtheg o gacennau cartre sy'n cael eu cynnig bob dydd, mae ei ffefryn personol hi, yr

Homewood Bound, yn cyfuno siocled Crunchie, surop, bisgedi a chnau mwnci. Gallwch archebu hen glasur – fel sleisen almon neu gacen gaws – neu fynd amdani â theisen Oreo, Reese's Pieces neu Mars Bar, dros de prynhawn. Ond os nad oes dant melys gennych, beth am fachu bap brecwast, neu flasu salad ffres, neu sleisen iachus o deisen hadau?

Caiff bwydydd llawer o gynhyrchwyr lleol eu hyrwyddo yng nghynnyrch y tŷ te, fel bara Popty'r Eryr, pate Patchwork o Ruthun, ac wyau Fferm Clyttir o Lanbedr Dyffryn Clwyd.

Mae'r caffi ei hun yn frith o fanylion sy'n ennyn sylw a diddordeb, a phethau bychain sy'n sbarduno atgofion i bawb – mapiau Arolwg Ordnans, matiau Cymreig, hen duniau losin, a lluniau o bobl leol. Ar derfyn dydd, yr hyn sy'n rhoi'r pleser mwyaf i Hazel yw gweld cwsmeriaid o bob oed yn mwynhau; p'run ai'n ferched ifanc yn sugno ysgytlaeth yn swnllyd, neu'n bâr oedrannus yn sawru'r te prynhawn.

Serch y lleoliad diarffordd, byddwch yn diolch i'r nefoedd i chi ddarganfod y tŷ te hwn.

The Sugar Plum Tea Room, Yr Hen Orsaf, Rhewl, Rhuthun, Sir Ddinbych LL15 1TN
01824 702852   www.sugarplumtearoom.co.uk

Canolbarth
Cymru

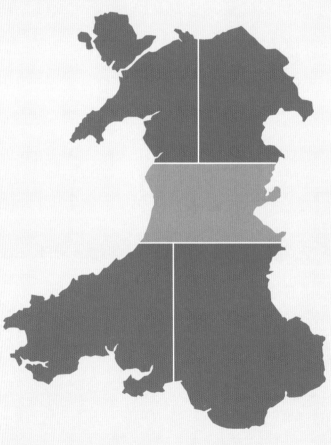

Agnelli's
Aberystwyth

Gellir dadlau mai Vienna Cymru yw Aberystwyth, cymaint yw dylanwad *café culture* y dre. Rhwng trigolion, myfyrwyr ac academyddion y coleg ger y lli, mae 'na gaffi i blesio pawb. Ond pe gofynnech i nifer o bobl pa gaffi yw eu ffefryn, Agnelli's fyddai'n saethu i'r brig.

Yn 2003, daeth Chiara Agnelli i Aberystwyth o Milan i ddilyn gradd mewn gwleidyddiaeth ryngwladol, ond cafodd hi lwyddiant mewn maes pur wahanol wrth sefydlu trysor bach o gaffi Eidalaidd 'nôl yn 2011.

Dyma lecyn hamddenol, croesawgar tu hwnt, sy'n cyfuno caffi a deli, a'r lle perffaith am Spritz ar derfyn dydd, neu damaid bach i aros pryd. Beth am goffi a *canoli* – y pestris bach melys, blas lemwn neu siocled cnau cyll? Fel arall, am blataid mwy swmpus, ceir digon o ddewis o gigoedd a chawsiau rhanbarthol. Cafodd y *paninis* eu henwi ar ôl rhanbarthau'r Eidal, fel y Toscana – gyda chaws Provolone, puprod a *salami* ffenigl.

Un o atyniadau mwyaf Agnelli's yw Chiara ei hun, sy'n gweithio'n ddiwyd y tu ôl i'r cownter. Yr hyn mae hi fwyaf balch ohono yw ei pherthynas glòs â'i chwsmeriaid. Mor deyrngar i'r lle, yw ambell un nes y cânt eu hanfarwoli

ar y fwydlen, fel yn achos 'Spaghetti Geraint, Iwan a Gwenno', a '*Meta e Meta* Huw' – sef sgiwers cyw iâr a selsig Toscana, *mayonnaise* garlleg, bara a salad – hoff archeb Huw Roberts, tafarn Rummers gerllaw.

Mor atyniadol, yn wir, yw Chiara, nes i gyfaill bore oes ei dilyn i Aberystwyth yn 2007, wedi iddo glywed am brydferthwch Cymru. Tra ei fod yma, bachodd Mario drysor prin iddo'i hun pan briododd y ddau yn 2015.

Agnelli's, 3 Stryd y Bont, Aberystwyth, Ceredigion SY23 1PY 07969 959466

Agnelli's, Aberystwyth | Canolbarth Cymru

Castle Kitchen
Trefaldwyn

Llinell derfyn annelwig fu rhwng Cymru a Lloegr erioed. A serch cadernid Clawdd Offa, bu symud cyson 'nôl a mlaen, fel anadlu i mewn ac allan, ymysg pobl y ffin. Un o'r rheini yw Alice Thomas, sy'n byw yn Sir Drefaldwyn ers deng mlynedd ar hugain bron, wedi cyfnod yn Church Stretton a'r Amwythig. Bu'n gweithio'n ddiwyd ym maes diwylliant bwyd y fro, yng nghaffi Oriel Davies, y Drenewydd, a thŷ te gerddi Glansevern gerllaw.

Mae hi bellach, ers dros bum mlynedd, yn cynnal caffi a deli gwych reit yng nghanol tre farchnad fywiog Trefaldwyn. Gyda hanes yn fyw o'i chwmpas (yn Nhrefaldwyn yn 1267 y cytunwyd mai Llywelyn ap Gruffudd oedd Tywysog Cymru, cyn iddo gael ei lofruddio yng Nghilmeri yn 1282), a bwyty seren Michelin The Checkers gyferbyn, mae Alice ei hun hefyd yn creu argraff ddyddiol ar bobl y dre, a thu hwnt.

Ddydd Mercher, ceir enghraifft dda o'i hymroddiad hithau a'i chyd-weithwyr i gadw pawb yn y caffi'n hapus, gan ateb pob galw â gwên. Gyda thŷ ocsiwn y sgwâr yn agored ben bore, erbyn 9.00 y bore mae'r caffi clyd yn orlawn o bobl ar eu cythlwng, rhai'n bochio brechdanau bacwn fferm Neuadd Fach, Llandinam, a bara becws Talerddig, ger y tân, ac eraill yn sawru te deg, awr yn gynnar.

Ar silffoedd y deli, gwelir cwrw crefft Monty's, sy'n cael ei greu yn y dre, gan gynnwys potel o gwrw diwenith Masquerade. A'r coffi artisan a gynigir yw The Method o Bishop's Frome, a gynhyrchir yn Swydd Henffordd y tu hwnt i'r ffin.

Un o'r prydau mwyaf poblogaidd a weinir trwy'r dydd yw *Welsh rarebit* arbennig Aaron yn y gegin, sy'n cynnwys joch da o gwrw Monty's. Ond pan gaiff Alice funud i fwynhau brechdan o'i dewis ei hun, mae hi'n bendant iawn – caws *Cheddar* â chatwad nionod wedi'u carameleiddio a thomato sbeislyd, sydd ar werth ar y silff gan gwmni The Bay Tree.

Castle Kitchen, 8 Broad Street, Trefaldwyn, Powys SY15 6PH
01686 668795
www.castlekitchen.org

Matt's Deli
Bow Street

Mae'n hawdd gwibio heibio siop a chaffi Matt's Deli, ar yr A487 rhwng Aberystwyth a Machynlleth. Ond yno, yn y gofod bychan, y mae ffatri syniadau ar waith. Newidir y fwydlen bwrdd du yn feunyddiol ac mae'r silffoedd trymlwythog dan eu sang o gynnyrch gorau Cymru a thu hwnt. O gwrw'r *chef* Ferran Adrià, o fwyty elBulli gynt, i felysion L'Artisan du Chocolat, ceir cynnyrch o safon ryngwladol. Gwell byth yw'r danteithion Cymreig ac yn eu plith, cigach Charcutier, mêl Coedcanlas a chaws Drewi-Sant, ynghyd â chyfoeth y filltir sgwâr.

Yn enedigol o Gaerdydd, magwyd Matt Suggett yn Aberystwyth, cyn cael ei hyfforddi yn y byd arlwyo. Wedi cyfnod yng ngwesty'r Conrah, aeth i weithio mewn bar tapas yn Andalucia. Treuliodd wyth mlynedd yn gweithio yn rhai o fwytai gorau Essex cyn hel ei bac er mwyn dychwelyd i Sbaen. Diolch byth iddo bicio adre yn 2005, a chwrdd â'i gariad Betty.

Fel i nifer yn Aber, bu'r cyfnod o weithio yn Ultracomida yn ffurfiannol, ynghyd â'i berthynas â chwmni lleol Tropical Forest Products, sy'n cynhyrchu mêl o'r safon uchaf. Bu Matt ei hun yn gwenyna am ddegawd, ac ers agor y deli gyda Betty yn 2011, mae'n gwerthu ei fêl grug Cymreig – sy'n blasu'n wych gyda chaws Saval gwobrwyol Caws Teifi.

Does dim dal beth fydd ar y fwydlen o ddydd i ddydd, a dyna sy'n denu cwsmeriaid lleol yn gyson. Daw bwytawyr yno i fwynhau'r salad cyw iâr ac wy sofliar, neu'r cimwch o Fae Ceredigion ganol haf, y frechdan surdoes cartre *bratwurst* a *sauerkraut*, a'r plataid o ham, wy organig a sglodion, a gaiff eu goginio deirgwaith, ganol gaeaf.

Fel y mêl a'i flas lleol a ddaw o flodau'r fro, mae'r coffi a'r siocled a weinir hefyd yn llawn 'blas y tir'; o Beriw y daw ffa coco siocled amrwd Forever Cacao, ond yng Nghegidfa ger y Trallwng y caiff ei greu. A ffa'r un llwyth brodorol, yr Asháninka ym Mheriw, sydd yn gyfrifol am y coffi Eco Tribal.

Matt's Deli, Pen-y-garn, Bow Street, Ceredigion SY24 5BQ
01970 358274

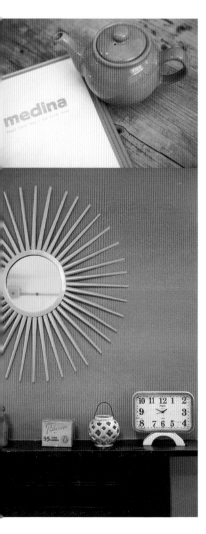

Medina
Aberystwyth

Trwy gyd-ddigwyddiad llwyr, mae'r cyffyrddiadau lliw oren yng nghaffi a bwyty Medina yn adleisio camau gyrfaol y perchennog, Medina Rees, ym myd lletygarwch Aberystwyth. Fel merch i gogydd Neuadd Pantycelyn y Brifysgol (a gwesty'r Talbot gynt) ac un o swyddogion clwb pêl-droed y dre, arferai Medina Rees redeg ar y cae yng Nghoedlan y Parc i gynnig orenau i'r chwaraewyr yn eu crysau gwyrdd a du. Wedi cyfnod yn teithio yng Nghanada, adre i Aber y daeth, i redeg yr Orendy, gwesty'r Talbot ar ei newydd wedd.

Dim ond dwy garreg filltir yn ei llwybr gyrfaol oedd y rheini, trywydd a'i harweiniodd, maes o law, at agor lle bwyta yn ei henw'i hun. Fel nifer o gogyddion yr ardal, bu'r cyfnod yn gweithio yn Ultracomida yn brofiad gwerthfawr iddi, ond trodd at yrfa ym myd y Gyfraith am sbel. Bu'r ysbaid yn fuddiol, gan roi iddi'r cyfle i ffurfio cynllun yn ei phen ynglŷn â'r math o le y carai hi ei redeg ei hun.
　　Profodd Medina, caffi ei dychymyg, yn boblogaidd tu hwnt ymhlith paneidwyr rheolaidd Aberystwyth. Yn wir, o gofio'r dewis eang o gaffis yn y dre, rhaid ei chanmol am ddarparu bwydlen unigryw.

Mae'r gofod maint tŷ teras yn cynnig hafan braf yng nghanol prysurdeb a bwrlwm y dre. Mae'r diolch yn rhannol i'r decor cyfoes a chwaethus, sy'n cyfosod llonyddwch y waliau llwyd â fflachiadau o liw, a chysur cadeiriau Charles Eames. Ond y fwydlen sydd i gyfri am lwyddiant y lle, bwydlen a ysbrydolwyd i raddau gan ryseitiau Yotam Ottolenghi.

Caiff cynnyrch lleol a blasau'r Dwyrain Canol eu cyfuno i greu seigiau a saladau persawrus. Mae rhosddwr, grawnafalau, hadau *sumac* ac olew *tahini*, a'r perlysieuyn *Za'atar* ymysg hoff gynhwysion Medina. Ond y cynhwysyn a ddefnyddir yn amlach na'r un yw'r planhigyn wy – defnyddir bocseidiau ohonynt bob dydd. Grilio'r llysieuyn, a'i gymysgu â'r holl flasau hyn, sy'n creu pryd bwyd mwyaf poblogaidd bwydlen Medina.

Darperir bwrdd llawn cacennau i'w mwynhau gyda'ch paned – *meringues* ffres o'r popty a weinir gyda mafon, Cointreau a hufen iâ, a'r deisen gaws fanila a saws siocled a chardamom. Y cyfuniad annisgwyl o flasau, a chroeso cynnes y Gymraes, sy'n egluro llwyddiant ysgubol Medina. Ac wedi cyfnod yn Cambrian Place, mae symud 'nôl i Stryd y Farchnad, i'r 'Orendy', y Talbot gynt, yn gwneud y cylch siâp oren, yn gyflawn.

Medina, 10 Market Street, Aberystwyth,
Ceredigion SY23 1DL
01970 358300   www.medina-aberystwyth.co.uk

Medina, Aberystwyth | Canolbarth Cymru

Popty'r Dref
Dolgellau

Gweld un o sefydliadau Dolgellau, Popty'r Dref, ar gau wnaeth ysgogi Meinir Haf Davies i'w ailagor yn 2013. A hithau'n enedigol o'r dre, cafodd hi, fel nifer o drigolion lleol, ei magu ar 'hyni byns' y cynberchnogion, Magi ac Evan.

Mae'r toesau euraid hyn yn unigryw i'r dref. Yn ôl Meinir, mae'r rysáit yn deillio o gyfamod rhwng tri o boptai'r dre dros ganrif yn ôl, pan roddwyd yr hawl i Bopty'r Dref i'w pobi. Mae'u presenoldeb yn y ffenest yn denu dŵr i'r dannedd, ac mae hi bron yn amhosibl cerdded heibio heb bicio i mewn – pentwr o ddaioni a siwgr eisin am ei ben, yn ludiog o surop cartre oddi tano.

Fel hafau hirfelyn tesog y gorffennol pell, mae 'na sôn ar lawr gwlad nad ydyn nhw cystal â hyni byns yr 'oes aur'. Mae'n wir y bu'n rhaid rhoi'r gorau i ddefnyddio'r popty oedrannus dro yn ôl – ond yr un yw'r rysáit. I ymwelydd o bell, mae blasu un darn o'r fynsen felys fel profi manna o'r nefoedd.

Os yw'r hyni byns wedi'u gwerthu'n sydyn – ac maen nhw'n dueddol o wneud – ceir hefyd yr opsiwn o'r fynsen Chelsea neu'r fynsen Gwlad Belg, ynghyd â llu o gacennau cri. A diolch i Meinir, a roddodd seddi a byrddau steil *shabby-chic* yn y caffi, cewch fwynhau eich teisen foreol dros baned o de, ac mae'r cwpanau a'r soseri tsieina yn dod o'i chasgliad personol hi.

Treuliodd Meinir gyfnod hir fel *chef* yn Neuadd Bont-ddu a Gleneagles, a sefydlodd hi fwyty poblogaidd Y Sosban ar Sgwâr y Frenhines yn Nolgellau yn 1995. Mae hi wrth ei bodd yn arbrofi, ac yn gweld ymateb cwsmeriaid ffyddlon Popty'r Dref.

Popty'r Dref, Stryd Smithfield, Dolgellau, Gwynedd LL40 1ET
01341 388006

Siop Alys
Machynlleth

Beth, feddyliech chi, yw un o safleoedd treftadaeth pwysicaf Cymru? Beth am Senedd-dy Owain Glyndŵr ym Machynlleth? Nid nepell o'r fan y cafodd ei goroni'n Dywysog Cymru, saif tŷ te dymunol dros ben.

Cwmni Mab Darogan a sefydlodd Siop Alys yn 2014, sy'n gwerthu cynnyrch Cymreig ynghyd â gweini chwip o baned a theisen. Fodfeddi yn unig o'r fan y derbyniodd Owain ei goron yn 1404, heddiw cewch gacen gwpan, a theisen foron o fri.

Nid mympwy yn unig a ysgogodd ddatblygiad Siop Alys, ond ysfa i ddatblygu'r atyniad twristaidd yn ganolfan Gymraeg. Mae'r caffi cartrefol, a'i ethos egwyddorol, yn denu gwibdeithwyr yr holl ffordd o Lambed a Sir Fôn. Gyda Gildas ac Al Lewis i'w clywed dros yr uchelseinydd, crëir naws ymlaciol iawn i ymwelwyr.

Yn y gegin, Gail sy'n gyfrifol am greu'r fwydlen swmpus o seigiau Cymreig, gan gynnwys cawl traddodiadol a phastai'r bwthyn, heb anghofio'r detholiad o felysion danteithiol.

Hwnt ac yma ar hyd y silffoedd, ceir tlysau gan Buddug Wyn, a gwaith celf yr artist lleol Elin Vaughan Crowley.

Yn wir, mae gweithiau'r ddwy grefftwraig yn ategu'r dodrefn *vintage*, sy'n dyrchafu'r tebot gwerinol yn symbol celfyddydol. Ac mae'r llestri tsieina a ddefnyddir yn y caffi'n dod o gasgliadau'r perchnogion, ac yn rhoddion gan gwsmeriaid lleol.

Mae i Ganolfan Glyndŵr (sy'n cynnwys y tŷ te) hanes diweddar go ddifyr. Fe'i rhoddwyd yn anrheg i'r dre gan Arglwydd Llandinam, David Davies, y dyngarwr a'r heddychwr mawr. Yn ôl Allan Wynne Jones, sy'n arwain teithiau tywys, y mae yntau gystal arwr cenedlaethol ag Owain Glyndŵr. Ond wedi dweud hynny, teyrnged yw'r tŷ te i Alys, merch Glyndŵr, a gynigiodd le i'r enaid hwnnw gael llonydd.

Siop Alys, Canolfan Owain Glyndŵr, Stryd Maengwyn, Machynlleth, Powys SY20 8EE
01654 703336
www.canolfanglyndwr.org

'Alys yw'r un roddodd loches i'w thad, fel y codai ef eto i arwain ei wlad'.

T. H. Roberts
Dolgellau

Pymtheg oed oedd Meg Jones pan ffarweliodd â ffermdy'r teulu, Beudy Newydd yn Nantmor, i fynd i weithio yn Swydd Gaerlŷr. Roedd ei mam yn awyddus iddi hi gael bywyd amgenach na gweithio mewn caffi lleol. Ond adre daeth Meg, wedi degawd i ffwrdd, ac mae hi wedi cyflawni pob math o swyddi yn ystod y blynyddoedd ers hynny. Hanner canrif yn ddiweddarach, rhedeg caffi y mae Meg, gyda Tomos ei mab, yn T. H. Roberts, Dolgellau.

Mae gan y caffi cyfeillgar a phoblogaidd hwn hanes diddorol, ac wrth gamu trwy'r drysau, fe welwch chi hynny'n glir. Safai Cwrt Plas yn Dre yno'n wreiddiol, hen senedd-dy Owain Glyndŵr, a symudwyd bob cam yn 1886 i'r Drenewydd, a'i ailgodi ym Mharc Dolerw.

Wedi hynny, ar droad yr ugeinfed ganrif, adeiladwyd siop nwyddau haearn T. H. Roberts ar y safle, cyrchfan i eurgloddwyr Meirionnydd, a fu ar agor tan 2001. Rai blynyddoedd yn ddiweddarach, ailagorodd fel caffi, dan arweiniad y teulu Jones.

Pensaer y cyfan yw Gareth Kemble, sy'n berchen ar gwmni rhostio coffi Carvetii yn Cumbria. Ond ei fam a'i frawd Tomos sy'n rhedeg y sioe, gan estyn croeso ers 2007. Bydd Meg yn mynd ati i bobi wyth cacen wahanol bob dydd. Mae pobl Dolgellau yn dotio at ei *brownies*, ei tharten Bakewell a'i chacen gaws. Ymhlith y ffefrynnau mae sleisen o'i theisen foron, oren a chnau *pistachio* diwenith hi.

Tan yn gymharol ddiweddar, yn ôl Tomos ei hun, coffi parod fel Kenco a Nescafé a lyncwyd yn lleol ben bore. Erbyn hyn, mae e wrth ei fodd yn cael ei herio'n feunyddiol gan baneidwyr hyddysg y fro. Caiff gyfarwyddiadau manwl gan ambell un am hyd bwrw'r ffrwyth a phwysau'r coffi. A digon cyffredin yw *espresso con panna* fel archeb, ynghyd â'r *flat white*, sy'n ffasiynol ar hyn o bryd.

Mae'r fam a'i mab yn tynnu 'mlaen yn dda, ond weithiau, bydd angen ysbaid. Ar adegau o'r fath, te dil a ffenigl yw syniad Meg o'r baned berffaith, neu'r dewis helaeth o de dail rhydd. Medrwch chi ddewis llecyn, fel yn nyddiau hen swyddfa'r siop nwyddau haearn, i ddianc gyda'ch diod. O dan y cypyrddau gwydr gwreiddiol mae 'na fyrddau gwyddbwyll at ddefnydd y cwmseriaid. Ond bellach, siocled sy'n cael ei gadw yn yr hen ddroriau bychain, ac nid hoelion yr oes o'r blaen.

T. H. Roberts, Stryd Glyndŵr, Dolgellau, Gwynedd LL40 1BD   01341 422352

The Herb Garden Café
Llandrindod

Mae rhinweddau iachaol dŵr mwynol Llandrindod yn hysbys ers dyddiau'r Rhufeiniaid. Datblygodd y dre wrth i Ffynnon Pant-y-gof ddenu cleifion ac ymwelwyr o bell. O'r 1970au ymlaen, bu'r dre'n atyniad i bobl a fu ar drywydd bywyd amgen. Un o'r rheini oedd Sally Bramhall, a arferai fyw yn Llanfair-ym-Muallt a dysgu Mathemateg yn y Gelli Gandryll, cyn sefydlu ei busnes yn Llandrindod.

Yn 1995 agorodd Sally gaffi llysieuol The Herb Garden yn y dre, wrth ddysgu yn yr ysgol 'run pryd. Daeth y busnes hwnnw i ben yn y flwyddyn 2000. Ond a hithau'n ysu i redeg caffi erioed, ailagorodd y fenter ar ôl iddi ymddeol yn 2007. Ac er iddi fod yn un am fwyta'n iachus a gofalus ers talwm, gwelodd Sally gynnydd mawr yn nifer yr alergeddau a'r anghenion bwyta penodol ers agor y caffi newydd.

Mae un cip ar fap cynhyrchwyr The Herb Garden Café yn ddigon i'ch darbwyllo i fwyta'n lleol. O ffrwythau a llysiau Doldowlod a chig eidion organig fferm Penlanole i afalau menter Trawsnewid Llandrindod, gan enwi dim ond peth o'r cynnyrch, mae ffynhonnell pob briwsionyn yn hysbys i Sally a chogyddion amrywiol y gegin.

Mae'r fwydlen yn un eang – gan gynnwys seigiau cig – ond mae'r pwyslais ar goginio cartre. Un clasur mae'r cwsmeriaid wastad yn hapus i'w weld ar y bwrdd du yw'r pei tatws a chaws *homity*. Ambell dro ceir 'trysor o'r archif', sy'n cyfleu pob dim am gaffi'r Herb Garden. Rysáit Sally ei hun o'r 1970au yw hwn: byrger cnau cashiw â blas lemwn a saets, gyda saws afal cartre. Richard, y gŵr, sy'n pobi'r rôls ben bore, gan ddefnyddio blawd Melin Talgarth.

Roedd y pryd yn ffefryn mawr gyda'u mab a'i gyfeillion ef, ac mae'n dal i daro deuddeg hyd heddiw.

The Herb Garden Café, 5 Spa Centre, Cilgant yr Orsaf, Llandrindod, Powys LD1 5BB 01597 823082 www.herbgardencafe.co.uk

The Potting Shed Café
Gerddi Neuadd Glansevern, Refail ger Y Trallwng

Yn y bôn, dyheu am gael gardd mae pob merch – dyna farn Caroline Owen o Neuadd Glansevern. Daeth ei dymuniad personol yn wir pan brynodd hi a'i gŵr Mark Erddi Neuadd Glansevern ger Aberriw yn 2013.

Adeiladwyd Neuadd Glansevern yn null yr Adfywiad Groegaidd yng nghyfnod Fictoria ar gyfer Arthur Davies Owen, bonheddwr Cymreig ac un o ddisgynyddion Cadifor ap Daniwal, Arglwydd Castell Hywel. Mae'r gerddi hardd, ar lannau afonydd Hafren a Rhiw, ar agor i'r cyhoedd ers 1996.

Yn ogystal ag agor siop Chic Shed ger y fynedfa (sy'n llawn trugareddau chwaethus i arddwyr), sefydlwyd caffi deniadol The Potting Shed ger yr iard Sioraidd.

Pan nad yw hi'n garddio, mae Caroline wrth ei bodd yn coginio, ac yng Nglansevern caiff gyfuno'r ddau beth. Dysgodd dechneg y gegin yn ysgol goginio Tante Marie yn Surrey, ac mae'r danteithion yn y caffi yn ymgorffori offrymau'r gerddi i'r dim.

Mae'r fwydlen gyfnewidiol, gaiff ei diweddaru bob

pythefnos, yn glynu'n dynn at amserlen y tymhorau: yn y gwanwyn, addurnir y saladau ffres gan flodau bwytadwy o'r ardd – pys pêr, *dahlias* a blodau corbwmpen yn eu plith. Pobir *meringues* poblogaidd yn ddyddiol, ond yn ystod misoedd yr haf, fe'u gweinir â cheuled lemwn a leim. Mae *fool* ar gael drwy'r flwyddyn, ond yn dibynnu ar y tymor, cewch flas siwgr brenhinllys, cneuen goco neu gyrens duon ynddo. Yna, dros fisoedd yr hydref, mae'r cawl tomatos 'treftadaeth' a phesto ffres yn plesio i'r dim.

Cynhelir nosweithiau cwrw a pizza ar yr iard Sioraidd, yn aml i gyfeiliant bandiau byw. Ymysg y blasau tymhorol mae caws gafr, jam tsili a phwmpen cnau menyn rhost a surop masarn – beth well i'w fwyta gyda chwrw Monty's, Glansevern Heaven?

The Potting Shed Café, Gerddi Neuadd Glansevern, Refail, Aberriw, Y Trallwng, Powys SY21 8AH   01686 640644 www.glansevern.co.uk/the-potting-shed-cafe

The River Café
Y Clas ar Wy

Un o bleserau Gŵyl y Gelli yw'r ddihangfa gyfagos hon, sy'n cynnig lle i lyfrbryf gael llonydd.

Mae'r caffi hamddenol, sy'n fwyty fin nos, yn estyniad o fusnes canŵs; fe'i sefydlwyd yn wreiddiol gan Brian a Fay Briffett yn 1978, cyn i Jane Hughes gymryd yr awenau yn 2001. Yn wreiddiol o Swydd Gaerlŷr, fe symudodd hi i'r ardal ddeng mlynedd ar hugain yn ôl, wedi iddi briodi â milfeddyg lleol. Yn ystod ei chyfnod wrth y llyw, sefydlodd gaffi diguro, a gafodd adolygiad 4 seren gan A. A. Gill.

Yn ystod y tymor ymwelwyr, mae'n syniad da archebu bwrdd. Fel arall, os oes gennych chi ddiwrnod rhydd, ewch ar wibdaith i gornel hyfryd o'r gororau. Mae cyfle nid yn unig i chi hwylio mewn caiac neu ganŵ, ond cewch fynd am dro i fyny bryn Penybegwn gerllaw er mwyn gweld mawredd Dyffryn Gwy islaw. Ond os yw hynny'n swnio'n waith caled i chi, bachwch sedd ar lan afon Gwy ac ymlacio.

Mae'r fwydlen hamddenol yn cyfuno prydau Eidalaidd â chynnyrch sy'n ffres a thymhorol. Mae antipasti'r caffi yn cael ei gynhyrchu yn Llanfihangel Troddi, sef lleoliad cwmni gwobrwyol Trealy Farm. Ac mae'r *pappardelle* blas cranc yn werth y daith ynddo'i hun, fel yr hufen iâ o Rowlstone Court ger Pontrilas.

Dyma'r math o gaffi nefolaidd sy'n esgor ar gynlluniau i ddychwelyd, i aros dros nos, neu i ddod am wyliau estynedig bendigedig. Ceir ystafelloedd braf uwchben y caffi, a byncws chwaethus, pum seren, drws nesa, yn hen gapel y Bedyddwyr, Trebble Hill.

The River Café, Wye Valley Canoes, Y Clas-ar-Wy, Powys HR3 5NP
01497 847007   www.wyevalleycanoes.co.uk

De Orllewin
Cymru

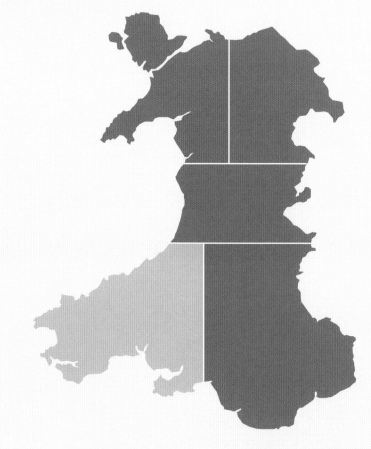

Bara Menyn
Aberteifi

'Os oes gennych chi fara anhygoel a menyn anhygoel, yna mae'n anodd curo bara menyn.' Mae dyfyniad y cogydd Jaques Pépin o Ffrainc yn gweddu i'r dim i gornel o Aberteifi sy'n gartre i fecws a chaffi Bara Menyn.

Does dim dal pryd fydd Jack Smylie White ar ei draed ben bore i roi bara cynta'r diwrnod yn y popty. Dihuna droeon yn ystod y nos i weithio'r toes, cyn dechrau'r dydd ag Americano cryf.

Mae'n dipyn o newid byd i ddyn â gradd mewn Athroniaeth, ond mae ffordd o feddwl yn rhan fawr o fyd y pobydd. Er gwaethaf ei batrymau cysgu amgen, ni fu Jack erioed mor fodlon ag y bu ers agor Bara Menyn.

Yn enedigol o Aberystwyth – a chanddo wreiddiau ym Mrynhoffnant – cafodd Jack ei fagu yn Totnes yn Nyfnaint. Wedi graddio o Brifysgol Caerdydd, symudodd at Seren, ei gariad, yn Llandysul. Pan ddiflasodd ar y bara cyffredin a oedd ar gael iddo, fe'i heriwyd gan Seren i bobi bara gwell. Yr her honno oedd y sbardun i'w obsesiwn wrth iddo greu'r dorth surdoes berffaith. Dechreuodd werthu i unigolion, a diolch i rwydwaith leol, clywodd am ofod yn siop gelfi Custom House, Aberteifi.

Agorodd Bara Menyn ym mis Chwefror 2015 i groeso twymgalon. Nid becws yn unig a geir yno, ond caffi cartrefol sydd ar agor am frecwast a chinio. Beth am dost a menyn Calon Wen gyda marmalêd neu Marmite, neu frechdan facwn fendigedig? Petaech am aros i ginio, beth am dafell o gaws pob, sy'n cynnwys cwrw crefft Mantle, Aberteifi?

Cynlluniwyd pob pryd i weddu i'r surdoes, gyda'r pwyslais ar gynnyrch lleol a thymhorol. Ymysg y chwe math o fara sydd ar gael y mae'r dorth Gymreig, a wneir o flawd Felin Ganol, Llanrhystud. Ond ceir hefyd fara rhyg sydd â lefel isel o glwten, er diléit y baragarwyr rhwystredig.

A ninnau'n byw mewn cyfnod sydd bron yn gwbl faraffobig, gwych yw'r caffi hwnnw sy'n dathlu 'ein bara beunyddiol'. Mae Jack ar dân i ailgynnau'r ysfa i fwydo'r corff a'r enaid; mae'n ysfa sydd ynom oll, a hynny ers cyn cof.

Bara Menyn, 45 Stryd y Santes Fair, Aberteifi, Ceredigion SA43 1HA
01239 615310
www.baramenynbakehouse.co.uk

Blas At Fronlas
Trefdraeth

Yn ei harddegau hwyr, symudodd Lindsey Herbert o Nelson, Cwm Rhymni, i fyw yng Nghastell Trefdraeth. Gamau'n unig o'r cadarnle Eingl-Normanaidd ar waelodion Carn Ingli (a gipiwyd gan Llywelyn ap Gruffudd yn 1257), saif deli a chaffi dymunol Blas at Fronlas.

Ar ôl priodi ffermwr lleol, bu Lindsey'n cynnal rownd laeth, cyn mynd i'r coleg i ddilyn cwrs gwyddor tŷ. Agorodd dŷ te yn ei chartre yn y Felin, lle bu'n cysgu ar lawr y parlwr godro. Magodd bedwar o blant, ac ers deng mlynedd ar hugain mae hi wedi bod yn dysgu oedolion lleol a chanddynt ymddygiad heriol i fyw bywydau annibynnol. Ond yn 2014, gwireddodd ei breuddwyd oes o agor caffi cymunedol islaw'r castell ar ganol Stryd y Farchnad.

Yr hyn a sbardunodd weledigaeth Blas at Fronlas oedd gwaith celf yr artist lleol Wynmor Owen. Mae llechi o'i eiddo (ac iddynt enwau traethau, pentiroedd ac ogofeydd cyfagos) yn ganolbwynt i'r caffi cartrefol. Ochr yn ochr â'r enwau hardd – Ogof Cadno, Cesig Duon, Pen yr Afr yn eu plith – ceir hefyd gerfluniau Wynmor o adar y pâl.

Er ei fod yn denu cwsmeriaid rif y gwlith, un elfen o'r caffi yn unig yw'r gwaith celf. Ond crëir ymdeimlad hynod braf gan ddyluniad Cymreig, sy'n asio'r cyfoes â'r traddodiadol. Mae'r carthenni Caernarfon a'r llechi ar lawr yn gefnlen braf i baned a *brownie* diwenith. Ond os ydych am ginio mwy swmpus, beth am Welshman's Pie, sy'n cynnwys cennin, ham a chaws Caerffili?

Mae cawl yn boblogaidd bob diwrnod o'r flwyddyn, ond pwysleisir mai cig eidion yw'r prif gynhwysyn. Y rheswm am hyn yw bod y ffermwyr defaid lleol yn dyheu am flas gwahanol i gig oen.

Bob bore Llun, ar riniog y caffi, cynhelir marchnad ffermwyr Trefdraeth, pan fydd Lindsey'n pobi pice ar y maen. Yn cystadlu â'r cacennau cri mae Bara Brith Siân – rysáit hynafol o Gwm Gwaun. Ar werth yn y deli mae bara ffres o'r popty,

cwrw Celt, cawsiau, cigach ac olifau. Mae'r cynnyrch un ai'n lleol neu'n gwbl Gymreig, gan gynnwys hufen iâ Subzero o'r Rhondda.

Mae'r caffi yn agored rhwng nos Fercher a nos Sadwrn, oherwydd galw gan drigolion lleol. Cynhelir nosweithiau hanes lleol, cyfarfodydd Merched y Wawr, a nosweithiau Tapas a Tiwns yn ogystal. Un cerddor, o blith nifer, sy'n perfformio gyda'r hwyr yw Lowri Evans – 'Merch y Mynydd', o Drefdraeth.

Mae Lindsey wrth ei bodd fod ei chaffi at ddant pawb, o gymdogion bore oes i ymwelwyr. Yr ymateb mwyaf cyson yw fod Blas at Fronlas 'fel bod gatre – ond heb y gwaith!'

Blas at Fronlas, Stryd y Farchnad, Trefdraeth, Sir Benfro SA42 0PH
01239 820065
www.blasatfronlas.com

Caffi Beca
Efailwen

I rai, llefydd i ferched yn unig yw caffis – wedi'r cyfan, mae tafarndai ar gael i gymdeithasu ynddynt hefyd. Ond mae 'na ambell gaffi i ddynion 'go iawn', ac yn sicr, gellir cyfrif Caffi Beca yn un o'r rheini. Welais i erioed gymaint o ddynion mewn caffi o'r blaen, sy'n briodol iawn, o gofio hanes cythryblus pentre Efail-wen, man cychwyn Helyntion Beca.

Ar droad y 1840au, tollau drud y tai tyrpeg oedd achos y gwrthryfel, pryd yr aeth rhai o'r dynion lleol ati i falu'r tollbyrth, wedi'u gwisgo mewn dillad merched. Ond does dim peryg o wrthryfela yn erbyn prisiau rhesymol y caffi poblogaidd hwn.

Yn y parthau hyn, mae'r Gymraeg yn fywiog iawn ymysg ffermwyr a gyrwyr lorris Mansel Davies, Llanfyrnach. 'Sdim awel heddi,' synfyfyriodd un cwsmer. Ymateb y llall? 'Wedd gwynt y jawl 'da'i dwe.'

Ymlith rhai o gwsmeriaid ffyddlonaf y caffi y mae John Phillips a 'Hywel Dda', dau gymydog o 'lawr yr hewl' ym Maenclochog; byddant yn ymweld â Chaffi Beca ryw ddwywaith yr wythnos a'r un peth fydd yr archeb bob tro. Cyrri cyw iâr 'da 'hanner a hanner', a sosej a madarch a tsips. Ond rhag i neb feiddio meddwl nad yw merched yn cael mwynhau pleserau Caffi Beca hefyd, mae'n ganolfan ar gyfer sawl noson Merched y Wawr a Chlwb Gwawr Rhocesi Bro Waldo.

Ar waliau Caffi Beca, cofir am y dynion a heriodd y drefn, a'u harweinydd Twm Carnabwth. Os am blataid o fwyd cartre, a gwers hanes, oedwch am ysbaid yng Nghaffi Beca.

Caffi Beca, Efail-wen, Clunderwen,
Sir Benfro SA66 7UY
01994 419735
www.caffibeca.co.uk

Caffi Beca, Efailwen | De Orllewin Cymru

Caffi Patio
Llangrannog

Mae gan lawer ohonom atgofion melys o ymweld â Llangrannog, fel gwersyllwyr neu ddarllenwyr brwd. Gall un cip ar Garreg Bica ddenu llu o atgofion am Mr Urdd a môr-ladron T. Llew Jones. Ond wrth gwrs, mae rhai yn ddigon ffodus i gael byw yno trwy'r flwyddyn, fel Julia Davies a'i gŵr Mervyn.

Pan oedd yn blentyn, teithiai Julia yn aml i Langrannog o'i chartre yn Llandeilo, gan mai yno ym Mryn Gobaith, clamp o dŷ ger y traeth, roedd cartre ei mam-gu a'i thad-cu. Roedd tad Julia, o Landeilo, yn gwersylla ar Ynys Lochtyn pan gyfarfu â'i ddarpar wraig. Ond ar ei ymddeoliad ef yn 1972, agorodd gaffi ar lan y môr yn gweini 'sgod a sglods a hufen iâ Walls.

Er mai athrawes yn Llundain oedd Julia erbyn hynny, arferai helpu'i thad yn y Patio Café yn ystod yr haf. Ac yno y cyfarfu hi â Mervyn, ei gŵr hithau, tra'i fod yntau'n gwersylla gerllaw!

Nid y caffi sy wedi newid dros y blynyddoedd, ym marn Julia, ond hi ei hunan. 'I ddechre, do'dd 'da fi ddim syniad!' meddai. Ond ar droad y mileniwm, gwnaeth benderfyniad mawr i ddechrau gwerthu'i hufen iâ ei hun. Yn wir, ymweliad â Pietro's yn nhre glan-môr Porthcawl wnaeth selio'r fargen. Byth ers hynny, mae Julia a Merv wedi ymdrechu'n galed iawn i gynnig y gorau o Geredigion i'w cwsmeriaid.

Mae'r rhychwant o flasau hufen iâ yn eang, o ffefryn Julia, y *key lime pie*, i ddewis Merv, sef ceirios gwyllt ac eirin gwlanog. Mae'r ddau'n codi'n gynnar i gwrdd â dau ymwelwyr, all dyfu o ddim i gant mewn chwinciad chwannen. Ynghyd â'r hufen iâ, cynigir byrbrydau a theisennau, gan gynnwys sgons poblogaidd Julia ei hun.

Yn wreiddiol, agorwyd y caffi yn ystod misoedd yr haf yn unig, ond mae nifer yr ymwelwyr wedi cynyddu'n sylweddol ers hynny. Erbyn hyn, maen nhw'n agored trwy'r flwyddyn, a hynny boed law neu hindda. A serch y stormydd dychrynllyd diweddar, mae Caffi Patio yma o hyd. Ond ar yr ychydig ddyddiau prin pan fydd y caffi ar gau, bydd y ddau yn ymweld â'u hoff gaffis eraill, gan gynnwys Pietro's ym Mhorthcawl, a Caffè Vista yn Ninbych-y-pysgod.

Caffi Patio, Llangrannog | De Orllewin Cymru

Pe câi hi'r cyfle i
wir ymlacio, carai Julia
ddarllen a chwarae tennis.
Ond nid yw'n difaru dim –
dydy'r gair hwnnw ddim
yn bodoli yn ei geiriadur.
Fyddai ei dyfalbarhad ddim
yn bosib, meddai Julia, heb
Merv a'u gweithwyr gwych
– hyd at bymtheg ohonynt ar
gyfnodau prysur. Ac mae'r
gefnogaeth leol, a'r iaith
Gymraeg, yn ganolog i'w
llwyddiant parhaol.

Un o benwythnosau
gorau'r flwyddyn i'r caffi,
meddai Julia, yw Gŵyl 'Nôl
a Mla'n, sy'n cael ei chynnal
yn ystod yr haf. 'Ma pawb
mor hapus i fod yma ac i
gwrdd â hen ffrindie, mae hi
fel y Nadolig i Langrannog!'

**Caffi Patio, Bryn Gobaith,
Llangrannog, Ceredigion
SA44 6SL
01239 654502**

Caffè Vista
Dinbych-y-pysgod

Prin fod unrhyw ddinas ryngwladol â mwy o angerdd am goffi na Melbourne, de-ddwyrain Awstralia. Mae'n amhosibl crwydro'i *laneways* heb daro ar gaffi bach cŵl, o Brother Baba Budan i far espresso Degraves. Mae'n bosibl olrhain y diddordeb hwn i'r mewnfudwyr Eidalaidd a Groegaidd a ddaeth i'r ddinas yn sgil yr Ail Ryfel Byd.

Mab i fewnfudwr a symudodd o ynys Lefkada i Melbourne yw Yanni Hrysicos, un a ymhyfrydodd yn sin goffi fywiog y ddinas honno. Rhoddodd ei fryd ar agor 'caffi cegin cartref', a fyddai'n cyfuno'r coffi gorau posib â bwyd Groegaidd go iawn ei fam. Wedi teithio i Brydain i gael ei hyfforddi yng nghamp Real Tennis, ac i ddarlithio ym maes gwyddor chwaraeon, agorodd Yanni ei gaffi, nid ar lannau afon Yarra, ond uwchlaw harbwr Dinbych-y-pysgod, Sir Benfro.

Fel mae enw'r caffi'n ei awgrymu, mae'r olygfa'n odidog, ond mae'r coffi a'r bwyd yn well byth. Mae'r fwydlen unigryw yn adlewyrchu angerdd Yanni dros gynnig ansawdd o'r radd flaenaf am bris teg. 'Fe synnech chi,' meddai Yanni, 'pa mor drybeilig o sâl yw salad Groegaidd y rhan fwyaf o gaffis Prydain.' Mae'n yntau'n cynnig fersiwn ag oregano ac olifau, a dresin wedi'i baratoi'n ofalus.

Mae'n annhebygol y bydd hiraeth am Melbourne yn ei daro wrth i ni fwynhau powlennaid o *fasoladha* ei fam. Mae'r cawl ffa gwynion yn bryd gwerinol ag chartrefol, â phob cegaid yn cynnig cwtsh i'r galon.

Caffi trwyddedig ydyw, a chanddo'r hawl i weini glasaid o win, sy'n ychwanegu at y naws gyfandirol. Ond un o bleserau mwyaf annisgwyl Caffè Vista, yn ôl Yanni, yw'r ffaith ei fod hefyd yn ofod perfformio. Cynhelir nosweithiau gwerin, *gypsy jazz*, a cherddoriaeth amgen, sy'n denu artistiaid gorau'r byd.

**Caffè Vista, 3 Stryd Crackwell,
Dinbych-y-pysgod, Sir Benfro
SA70 7HA
01834 849636**

Conti's
Llanbedr Pont Steffan

Profiad anghyffredin iawn oedd amser cinio i Jo Conti ar ei phrifiant yn Llanbedr Pont Steffan. Cerddai adre o'r ysgol bob dydd i fistro caffi ei rhieni, i fyny'r grisiau heibio ciw anferthol. Derbyniai fwydlen gan Daphne ei mam, ac yna blataid o fwyd ffres Leno ei thad, cyn dychwelyd i'r ysgol ar gyfer gwersi'r prynhawn.

Roedd y fath fywyd yn normal i deulu caffi Conti's, sydd wedi bod wrth galon cymuned Llambed ers 1946. Aeth Arthur, tad Leno, o Bardi i weithio i'r caffis Bracchi yn y cymoedd, cyn sefydlu ei fusnes ei hun. Y disgwyl oedd i Leno ei olynu, gan symud yn gyntaf i Ystalyfera, ac yna i Lambed, cyn cwrdd â Daphne, merch teulu siop wlân Eleanora yn y dre.

Gweithiodd y ddau yn y caffi saith diwrnod yr wythnos, gan fagu tri o blant yn eu cartre i fyny'r grisiau. Atgofion melys sydd gan bobl o'r jiwcbocs a'r *Coke Floats*, a diolch i Jo, mae'r enw da yn parhau.

Rhannai Jo ei bywyd rhwng y caffi yn Llambed a'i gwaith fel cynllunydd gwisgoedd yng Nghaerdydd. Ers 2008, mae hi wedi bod yn gweithio ar gyfresi teledu fel *Pobol y Cwm* a *Casualty*. Yn wir, Jo fu'n gyfrifol am weddnewidiad diweddar caffi Conti's, sy wedi denu cwsmeriaid newydd, ynghyd â chynnal naws wreiddiol y lle.

Er iddi lunio'r logo trawiadol, roedd hi'n gyndyn o newid y seddi, gan fod gan gymaint o'r cwsmeriaid eu hoff fyrddau. Wnaiff Jo ddim digio o gwbl at gwsmer sy'n rhy brysur yn sgwrsio i archebu; wedi'r cyfan, yn nyddiau ei thad, roedd y caffi'n agored am glonc tan ddeg yr hwyr.

Mae'r coffi Segafredo, y *spaghetti carbonara* a'r brecwast Cymreig yn parhau'n boblogaidd. I gwmni lleol Llond Bol – sy'n cefnogi plant ag anghenion arbennig – y mae'r diolch am y sgons a'r deisen foron fendigedig. A diolch hefyd i Tom, mab Jo, a phumed cenhedlaeth teulu'r caffi, mae hufen iâ gwobrwyol Conti's yn mynd o nerth i nerth. Fe sy'n gyfrifol am y llwyddiannau diweddaraf, fel yr hufen iâ blas caramel hallt, ond 'run mor oesol yw apêl y blas 'traddodiadol'.

Conti's, 5 Sgwâr Harford,
Llanbedr Pont Steffan,
Ceredigion SA48 7HD
01570 422223
www.contisicecream.com

Danteithion Wright's Food
Llanarthne

Cafodd ymweliad â Brooklyn gan deulu o Nantgaredig effaith fawr ar un o gaffis gorau Cymru. Dychwelodd teulu Simon a Maryann Wright o ganolbwynt bwyd y byd, i'r *hipsters* yn ein plith, yn llawn angerdd dros weini bwyd syml, ond safonol, mewn ffordd hamddenol.

Roedden nhw eisoes yn gyfrifol am lwyddiant bwyty Y Polyn ers ei agor yn 2005, pan drawyd ar syniad a gafodd ei wireddu'n dipyn nes at adre, ger fferm Cwmtwrch. Dechreuodd y fenter fel deli Cymreig, ond fe dyfodd i gynnwys caffi dymunol sy'n denu yfwyr a bwytawyr o bell.

Dychwelodd Joel, y mab hynaf, adre o Lundain, ac o fewn blwyddyn a hanner croeswyd afon Tywi i Lanarthne, gan symud i leoliad hen dafarn y Golden Grove.

Prin fod diwrnod wedi mynd heibio ers sefydlu Danteithion Wright pan nad yw'r caffi a'r deli'n orlawn o gwsmeriaid, yn bennaf oherwydd fwydlen faith sy'n hyrwyddo cynnyrch lleol, ac awyrgylch gyfeillgar a chartrefol. P'run a fyddwch chi mewn grŵp neu ar eich pen eich hun, mae 'na groeso cynnes i bawb. Yn ogystal â'r bwyd, mae 'na ddigon o'ch cwmpas i'ch diddanu, gan gynnwys llyfrgell o lyfrau coginio, ac un gan y beirniad bwyd Simon Wright ei hun.

O ran y prydau sy'n debygol o'ch denu, mae'r frechdan Cubano cig moch yn fythol boblogaidd, ynghyd â'r frechdan gaws pob Hafod a chig *'nduja*. Ceir saladau deniadol, ac am wefr i'r llygaid, beth am bowlennaid o gawl *borani* betys pinc llachar? I blesio'r dant melys, trowch at fwrdd y teisennau – cacen sinsir, *meringues* a weinir â ffrwythau tymhorol, tarten almon, a sbwng Fictoria.

Gwell fyth yw'r cynhwysion 'sêr gwib' tymhorol o ardal Sir Gaerfyrddin, fel sewin o afon Teifi, cig moch Berkshire o Gapel Dewi, afalau a riwbob William Wilkins, Talyllychau, cig oen a chig eidion fferm Hazelwell yn Hendy-gwyn ar Daf, a selsig a *salami* artisan Charcutier.

Symudodd Illtud Llyr Dunsford – y Charcutier ei hun – o Gaerdydd i Bontnewydd ger Pont-iets, i'r fferm foch deuluol Felin y Glyn. Ef, efallai, sy'n cynrychioli holl ethos Danteithion Wright orau wrth gynnig cynnyrch o'r safon uchaf.

Danteithion Wright's Food, Llanarthne | De Orllewin Cymru

Mae'r un peth yn wir am yr ystafell win, sy'n cynrychioli gwinllannoedd ledled Ewrop, gan gynnwys poteli o win cartre o Verona, Galicia a Languedoc, y medrwch eu hail-lenwi ar bob ymweliad. Hefyd, cewch ddewis helaeth o seidr a chwrw crefft gan gwmnïau bychain ar hyd a lled Prydain. Cynrychiolir bragdai lleol fel cwmni Seren, Clunderwen, a seidr Skyborry o Drefyclo (Knighton) ym Mhowys, ynghyd â chwrw crefft Kernel, o dde-ddwyrain Llundain.

Ond mae 'na atyniad arall yng nghaffi a deli Danteithion Wright, a phresenoldeb sydd i'w deimlo ym mhob un cornel – cath ddu soffistigedig o'r enw Castro, sy'n un ar bymtheng mlwydd oed, wnaiff fwyta popeth oddi ar fwydlen y caffi. Dyma wyneb cyhoeddus Danteithion Bwyd Wright, ac mae'r gath i'w gweld ar fagiau ac arwydd y caffi, a hyd yn oed ar y poteli sos coch, sydd ar werth i fynd adre gyda chi.

Danteithion Wright's Food,
Tafarn y Golden Grove, Llanarthne,
Sir Gaerfyrddin SA32 8JU
01558 668929
www.wrightsfood.co.uk

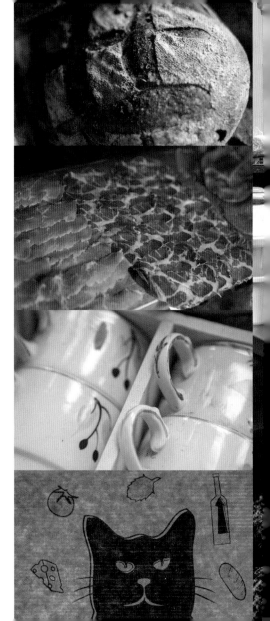

Foam
Aberdaugleddau

Arferai Laura Howells o Hakin, Sir Benfro, neidio i ddyfroedd Bae Bullwell ar ddiwrnod o haf. Ond roedd angen aros am y llanw, ac osgoi'r tanceri mawr, gan mai'r olygfa o'i blaen oedd purfa olew Aberdaugleddau. Yr un yw'r olygfa o dŷ gwydr ei chaffi braf yn Nhŷ Barrallier ym marina'r dre. Fin nos, mae'r darlun cystal ag awyrlun Ynys Manhattan; rhaid profi'r olygfa epig drosoch chi eich hun.

Agorodd y caffi yn 2014, i groeso twymgalon yn lleol. Mae Laura yn angerddol dros adfywio ei hardal enedigol, a gwerthfawrogi cyfoeth hanesyddol y dre. Cafodd yr adeilad ei hun ei enwi ar ôl y Ffrancwr Jean-Louis Barralier, un o gynllunwyr y dre ar droad y 18fed ganrif. Bydd rhai cwsmeriaid yn hel atgofion dros frecwast neu ginio am hen weithle eu hieuenctid – yno yr arferai rhai o drigolion y dre bwytho rhaffau ar gyfer pysgotwyr, ac mae'r farchnad bysgod fawr gerllaw.

Ceir ambell gyfeiriad at hanes y dociau ar waliau amryliw caffi Foam, sy'n cyfuno delwedd ddiwydiannol â chyffyrddiadau cartrefol 'Mam-gu *chic*', yng ngeiriau Laura ei hun. Athro gwaith coed oedd Chris ei thad, cyn mynd i weithio i'r burfa olew. Fe gynlluniodd y byrddau a'r bar metel, ar y cyd ag Andrew, ei gŵr, sy'n saer coed.

Yng nghaffi Foam mae'r pwyslais ar fwyta hamddenol, gan gynnwys brecwast trwy'r dydd ar ddydd Sul. Mae'r *brunch* yn boblogaidd a'r cynnyrch yn Gymreig, fel caws Cwm Gwaun a chynnyrch cigydd Arberth, Andrew Rees. Rysáit deuluol yw'r cacennau pysgod poblogaidd. Fin nos, ceir bwydlen tapas, a golwython swmpus a blasus – un o atyniadau gorau Caffi Foam.

Yn ddiweddar, adeiladwyd heulfan ar y llithrfa islaw, sy'n fframio'r olygfa wefreiddiol yn fendigedig. Mae'r ymateb brwd gan gwsmeriaid Foam i'r lle yn dweud y cyfan.

Foam, Uned 2, Barrallier House, Marina Aberdaugleddau, Sir Benfro SA73 3AA
01646 698985

Foam, Aberdaugleddau | De Orllewin Cymru

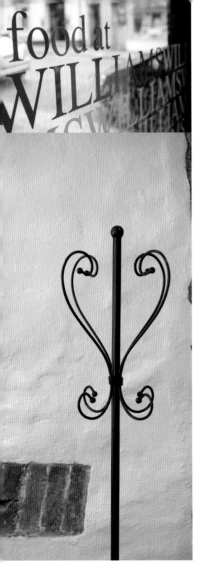

Food at Williams
Penfro

Fel nifer o berchnogion eraill caffis gorau Cymru, taith hynod annisgwyl oedd profiad Beth Dureau wrth iddi sefydlu ei chaffi ei hun. Roedd yn gyfuniad o wireddu'i breuddwyd oes, a siwrne o ddarganfyddiad. A hithau'n hanu o un o deuluoedd hynaf Penfro ar ochr ei mam (Canadiad Ffrengig o Saskatchewan oedd ei thad), roedd hi wastad wedi dymuno dychwelyd adre i'w thre enedigol ar ôl graddio o brifysgol yng Nghernyw.

Wedi blynyddoedd yn rhedeg cwmni arlwyo a siop frechdanau yn Noc Penfro, dechreuodd chwilio am leoliad caffi y carai hi ei hun ei fynychu. Pan gododd y cyfle i brynu hen siop Spar ar y stryd fawr yn 2012, canfu Beth haenau o hanes y dre.

    Y tu ôl i'r arwydd mawr Spar llechai darn o waith haearn cain yn hysbysebu siop esgidiau Williams o'r 19eg ganrif. Yn ogystal, dadorchuddiwyd ffenest wydr wreiddiol hardd ac arwydd hen esgid yn nhomen sbwriel yr ardd. Treuliodd Beth ddwy flynedd yn adfer yr hen siop i greu caffi hynod gyfoes a chartrefol. Cyfunir yr holl elfennau hyn â'i gweledigaeth hi o gynnig y gorau o Sir Benfro ar blât.

Yma ceir teisen geuled lemwn heb ei haul, ymysg detholiad o glasuron eraill: sbwng Fictoria, sgons, a chacen goffi a chnau cyll. Mae 'na hefyd ddewis da o brydau sawrus amrywiol, gan gynnwys y cawl ham a phys tra phoblogaidd.

Gwneir defnydd helaeth iawn o gynhwysion lleol, gan gynnwys cynnyrch ei chymydog, y cigydd lleol, caws Cenarth, dail salad o Landyfái, a hufen iâ Upton Farm i bwdin. Ond mae Beth hefyd yn mwynhau creu ei hufen iâ ei hun, fel *sorbet crème fraîche*, yn ystod yr haf. Ac mae'r *brownies* poblogaidd yn blasu'n well byth gyda'i hufen iâ menyn cnau mwnci hi.

Petaech yn digy ydd eistedd yng nghefn y caffi, efallai y byddech chi'n sylwi ar y papur wal hynafol a ddaeth i'r golwg yn ystod y gwaith adfer – tystiolaeth o gyfnod arall yn hanes y caffi clyd, pan oedd yn gartre i gwsmer lleol, Dilys Hanmer, a fu'n nyrs yn ystod yr Ail Ryfel Byd.

Food at Williams, 18 Stryd Fawr, Penfro, Sir Benfro SA71 4NP
01646 689990
www.foodatwilliams.co.uk

Food at Williams, Penfro | De Orllewin Cymru

Ffwrn
Abergwaun

Hen neuadd Eglwys y Santes Fair yn Abergwaun yw cartre caffi ac iddo gymeriad arbennig. Dan reolaeth Rhodri a Beatrice Smith ers 2014, mae'r Ffwrn yn lle braf i brofi awyrgylch llawn hwyl ac ethos cymunedol. Dyma gaffi sy'n cyfuno bwyd da â chroeso cartrefol.

Er mai golygydd fideo yw Rhodri, bu'n pobi ers dros ugain mlynedd, a chreodd y ffwrnais sy'n rhoi'r enw i'r caffi. Yn wir, mae'n pobi pob math o ddanteithion i'w gwsmeriaid, o'r ogis cig poblogaidd i'r *pain de campagne*, gan ddefnyddio blawd Felin Ganol, Llanrhystud.

A hithau'n wreiddiol o ddinas Brest yng ngorllewin Llydaw, mae Beatrice yn aml i'w gweld y tu ôl i'r radell hynafol yn paratoi *crêpes* i'w chwsmeriaid. Ceir dewis helaeth, o grempogau sawrus megis madarch a nionod, a chaws gafr a thomato, i bob math o rai melys – banana, Nutella, neu'r clasur blas lemwn a siwgr, a charamel hallt Llydewig.

Daw'r cyfan at y bwrdd yn ei amser ei hun – nid bwyd cyflym yw hwn, ond bwyd syml a blasus, fel cawl nionod neu ffacbys – â sbeisys *Cajun* o bryd i'w gilydd – wedi'i weini â thafell o fara a chaws.

Mae'r weledigaeth sydd ar waith yn un hollol unigryw, o'r trugareddau i'r gerddoriaeth eclectig; clywir seiniau o Gymru, o Hwngari, a hoff *House Music* y mab. Cynhelir nosweithiau cerddorol a barddonol meic-agored i amaturiaid brwdfrydig y fro. Bwrlwm byrfyfyr sydd i'w brofi yn Ffwrn – a dihangfa rhag y byd a'r betws.

Ffwrn, Stryd Fawr, Abergwaun, Sir Benfro SA65 9HH
07886717001
www.ffwrn.net

Ginhaus Deli
Llandeilo

Cwrdd yn nhafarn hynafol y Three Tuns yn Llandeilo a wnaeth Mike a Kate Kindred flynyddoedd mawr yn ôl. Erbyn hyn, yn yr un man yn union, mae ganddynt gwmni gwobrwyol – deli, caffi, a bar gorau'r fro. Adeiladwr oedd Mike, o Aberdâr yn enedigol, ond pan oedd yn bedair blwydd oed, symudodd y teulu i Bontargothi, er mwyn rhedeg llu o dafarndai lleol. Roedd gan Kate hefyd brofiad helaeth ym myd lletygarwch, ac wedi cyfnod yn byw yn Iwerddon sefydlodd y ddau fwyty dymunol Thyme Bistro yn nhre Caerfyrddin.

Ond pan gododd y cyfle i agor deli a chaffi yn lleoliad eu cyfarfyddiad cyntaf, doedd dim angen meddwl ddwywaith! A phan ddarganfuwyd mai distyllfa jin oedd yno'n wreiddiol, cam naturiol oedd agor bar unigryw sy'n denu pobl o bell ac agos. Yn wir, mae potel amhrisiadwy o'r 'Llandeilo Gin Shop' gyntaf honno i'w gweld ar silff y bar, ynghyd â 250 o rai eraill. Petai rhaid dewis ffefryn, dewis Mike fyddai jin gwymon Dà Mhìle o Landysul.

Yn wir, mae'r jin hwnnw yn un o gynhwysion caws pob y caffi a'r deli cysylltiedig. Fe'i crëwyd ar gyfer 'Crôl Cawl' Sir Gaerfyrddin, ac mae'n ffefryn ar y fwydlen ddyddiol. Mae'r caffi ar agor o wyth y bore, a ffefryn mawr gan gwsmeriaid yw'r Swansea Smoked Salmon gyda phaned o goffi Coaltown, o Landybïe.

Ar silffoedd y deli a bwydlen y caffi, ceir pwyslais ar gynnyrch Cymreig fel cawsiau Eryri, cigach Trealy Farm yn Sir Fynwy a bara ffres Alex Gooch o'r Gelli. Gwneir hefyd ddefnydd o gynnyrch y cigydd Julian Cooper, ar Stryd Caerfyrddin, gyferbyn â'r deli. Pobir pizzas gan ddefnyddio toes cartre Ginhaus, a weinir fin nos bob penwythnos. Dewis llysieuol y Greenhouse yw hoff bizza Kate, tra bod yn well gan Mike yr Hole Hog, sy'n llawn cig gyda thwll yn ei ganol.

Ginhaus Deli, 1 Stryd y Farchnad, Llandeilo, Sir Gaerfyrddin SA19 6AH
01558 823030
www.ginhaus.co.uk

Ginhaus Deli, Llandeilo | De Orllewin Cymru

One Shoe Café
Abertawe

Mae hi wastad yn arwydd da pan fo pobl leol yn canmol caffi. Yn ôl Sue o siop Swansea Sugarcraft ar Heol Bryn y Môr, does neb yn well am bobi *brownie* na Greg Hill, perchennog One Shoe Café ar gornel y stryd.

Heb os nac oni bai, rhai gwerth eu blasu yw *brownies* Greg, a phob dydd Gwener mae e'n pobi rhai arbennig. Mae'r *brownie pretzel*, Maltesers a Dime Bar yn boblogaidd, yn ogystal â'r fersiynau Snickers a Twix. Ond coeliwch chi fi, mae'r *brownie* Terry's Chocolate Orange yn anfarwol, ac yn werth teithio o bell amdano. Yn nefolaidd o ludiog, heb fod yn rhy foethus, mae'n union fel *marshmallow* yn toddi yn eich ceg.

Mae'n rhaid mai'r dyma'r caffi lleia i mi ymweld ag ef wrth baneidio ledled Cymru – ond peidiwch â gadael i hynny eich rhwystro. Mae lle i dri ar y stolion ger y ffenest, a lle i o leia wyth giwio am *flat white* ger y wal. Buan iawn, yn wir, y mae ciw yn ffurfio yn y caffi prysur hwn. Yn un peth, mae coffi cwmni rhostio Durston's o Frynmenyn yn denu nifer fawr o bobl, ac mae'n lle gwych am chwistrelliad cyflym o gaffein, ac i glustfeinio ar sgwrs fyrlymus y Jacs.

Gweithgarwch asgell dde oedd testun un sgwrs rhwng dau ddieithryn, wrth ddisgwyl am Loco – *panini* barbeciw, *jalapeños* a saws *piri piri*. Nid gwleidyddiaeth, fodd bynnag, oedd testun y sylwebaeth – beth arall, yn ninas yr Elyrch, ond pêl-droed.

Uwchlaw'r ddau ddyn saifai'r esgid ei hun – mowld pren a ganfuwyd wrth adfer yr adeilad, o'i gyfnod fel siop crydd Lennards. Cyn hynny, ar drothwy'r Rhyfel Byd Cyntaf, roedd yn siop ffrwythau a llysiau boblogaidd. Mae'r lluniau i gyd i'w gweld ar y wal, gan groniclo hanes y gymuned mewn cryn steil.

One Shoe Café,
1 Ffordd y Brenin, Brynmill,
Abertawe SA1 4LH
07543439595

One Shoe Café, Abertawe | De Orllewin Cymru

Ultracomida
Arberth

Pan oedd Paul Grimwood yn ei arddegau, symudodd
ei fam a'i dad i Arberth yn Sir Benfro i agor y Moathouse
Delicatessen. Fe gyfarfu ei rieni ym mhentre ei fam,
Alberic, yn Valencia, a bu honno'n ddylanwad mawr ar
ei mab. Ond roedd cyfarfod â'i wraig, Shumana Palit, yn
allweddol, a sefydlodd y ddau eu busnes llwyddiannus eu
hunain.

Cynghorwyd Paul a Shumana na fyddai galw am far tapas
ym mhellafion gorllewin Cymru. Serch yr agwedd gul
honno, agorwyd cangen gyntaf Ultracomida ar Stryd y Bont
yn Aberystwyth yn 2001, gan brofi llwyddiant mawr yn syth
bìn. Fel y dywed Matt Suggett, perchennog Matt's Deli yn
Bow Street, diolch i Ultracomida, newidiodd diwylliant bwyd
Ceredigion am byth, gan ysbrydoli busnesau eraill. Mor
bellgyrhaeddol oedd dylanwad Ultracomida, meddai, nes
ei bod bellach yn beth hollol gyffredin i weld olifau a chaws
Manchego mewn oergelloedd ar hyd y fro.
    Symudwyd i safle dipyn mwy ar Heol y Wig, Aberystwyth,
a chanddi'r lle i gynnwys caffi hynod atyniadol. Arbrofwyd â
stondin farchnad yn Aberteifi yn 2003, ac yn 2005 agorwyd
cangen yn Arberth, ar safle'r hen Moathouse Deli. Bydd

agor cangen yng Nghaerdydd ar Westgate Street yn rhoi blas newydd i'w busnes.

Yr un awyrgylch, fwy neu lai, sydd i'w ganfod yn y ddau; ond maen nhw'n taenu'u hud eu hunain. Yr un egni ac arbenigedd a geir yng nghangen Arberth, ac mae'r bwyd yn denu pobl o bell. Mae'r deli, yr *ultramarino*, yn orlawn o gynnyrch – cawsiau rhanbarthol, olew olewydd, a danteithion i'w prynu. Mae'r caffi, y *comida*, ar wahanol adegau, yn amrywio o fwrlwm cymdeithasol i naws hamddenol braf. Pleser pur yw oedi am baned – coffi Masnach Deg o Nicaragua – ond gwell fyth yw neilltuo amser am wledd.

Mae'r fwydlen yn amrywio o ffefrynnau fel yr *ensalada mixta*, y *tortilla Española*, hyd at y *paella* sy'n fythol boblogaidd. Ond cyflwynir seigiau newydd yn gyson, fel y *pierna de cordero lechal asada*, a ychwanegwyd yn ddiweddar. Dyma ffefryn newydd Shumana – coes cig oen a fwydwyd â llaeth, wedi'i rhostio â thatws, garlleg a gwin gwyn – pryd sy'n gwbl driw i'r dull Sbaenaidd o fwyta.

P'run ai'n chwilio am damaid i'w fwyta, neu blateidiau o ddewisiadau di-ri, Ultracomida yw'r lle i chi.

Ultracomida, 7 Stryd Fawr, Arberth, Sir Benfro SA67 7AR   01834 861491 www.ultracomida.co.uk

Ultracomida, 31 Heol y Wig, Aberystwyth, Ceredigion SY23 2LN 01970 630686

Y Cwch Gwenyn
Aberaeron

Roedd Rhys Davies yn benderfynol o agor caffi a bwyty lleol yn ei dre enedigol, Aberaeron – a dyna yn union a wnaeth, yng nghwmni Rhodri, ei frawd. Nid dim ond caffi i ymwelwyr yn ystod yr haf yw hwn, ond lle poblogaidd i bobl leol ar hyd y flwyddyn. Gwireddwyd y cynllun ar ôl prynu'r Cwch Gwenyn, ac mae hwnnw yn lleoliad gorau'r dre, ar yr harbwr. Mae'n bleser gan ei dad (y cyfreithiwr Geraint Davies), gyfarch cwsmeriaid y caffi yn Gymraeg, ac mae'n ymhyfrydu yn llwyddiant ei ddau fab.

Ar ôl cymhwyso ym maes lletygarwch yng Ngholeg Ceredigion, bu Rhys yn gweithio yng ngwesty pum seren Dewi Sant yng Nghaerdydd, a oedd ar y pryd ym meddiant 'brenin' gwestai gorau'r byd, Rocco Forte. Derbyniodd wahoddiad 'nôl adre gan Menna a Glyn Heulyn, i lywio ehangiad Gwesty'r Harbwrfeistr ar y cei. A thra oedd ar daith draw i Awstralia, derbyniodd alwad gan ei dad yn ei hysbysu fod hen dŷ glo y Cwch Gwenyn, ar gei Aberaeron, ar werth, a dyna oedd dechrau'r fenter. Bydd cenedlaethau o Gymry yn gyfarwydd â'r Cwch Gwenyn fel cartre hufen iâ mêl fanila y dre. Mae'r traddodiad danteithiol hwnnw yn parhau, gan barchu'r ryseitiau gwreiddiol, a hefyd gynnig tro newydd ar ambell flas. Ond i eraill, bydd yn gyfle i ymweld â lleoliad y Pot Jam – caffi ffuglennol y gyfres ddrama *Teulu* ar S4C.

Y gwir amdani yw bod y Cwch Gwenyn wedi tyfu cryn dipyn o'i wreiddiau fel parlwr hufen iâ, gan olygu ei fod bellach hefyd yn gaffi a bwyty chwaethus fin nos. Yn ogystal, mae'r busnes yn cynnwys siop bysgod yn y warws drws nesa (a adeiladwyd yn 1840), sy'n gwerthu'r gorau o gynnyrch Bae Ceredigion.

Mae'r fwydlen amrywiol yn cynnig gwledd o fwyd y môr, fel cregyn gleision, eog neu benfras wedi'i ffrio, a *risotto* cranc a tsili. Ond ceir hefyd fyrgers, selsig a stêcs gan y cigydd Dewi James o Aberteifi, ynghyd â dewis o frechdanau a saladau ffres.

Ar fore oer o aeaf, does dim byd gwell na bachu'r soffa ger y tân i fwynhau coffi Allaways, Tan-y-groes, neu baned o siocled poeth, gan edmygu'r olygfa hardd o dai amryliw'r dre tu fas. Ond ar ddiwrnod o haf, byddwch yn barod i giwio am gôn o'r hufen iâ, sy'n goron ar gei Aberaeron.

Y Cwch Gwenyn, Plas Cadwgan, Aberaeron, Ceredigion SA46 0BU
01545 570445   www.thehiveaberaeron.com

Y Cwch Gwenyn, Aberaeron | De Orllewin Cymru

De Ddwyrain
Cymru

Caffi Bodlon
Yr Eglwys Newydd, Caerdydd

Yng ngogledd Caerdydd mae 'na gornel o Shir Gâr sy'n chwaethus a chyfoes a chynnes. Ers ei chyfnod yn helpu ei rhieni yn Siop y Seld, Caerfyrddin, rhoddodd Nia Evans ei bryd ar wneud 'run fath yn union. Er hynny, nid siop anrhegion yn unig yw hon, mae hefyd yn gaffi ag awyrgylch arbennig, gan wneud yn fawr o'r gymuned leol.

Yn 2015 gwireddodd Nia ei breuddwyd pan agorodd Bodlon yn yr Eglwys Newydd, ger cylchdro Heol y Parc; esblygiad o'i gwefan arloesol yn gwerthu cynnyrch Cymreig o safon. Dyma ganolfan 'Cwrdd, Bwyta, Siopa' mewn maestre ddinesig sy'n gartre i nifer fawr o siaradwyr Cymraeg.

Ar y cyd â Colin Gray o gwmni Capital Cuisine – sy'n arlwyo yng Ngŵyl y Gelli a'r Eisteddfod Genedlaethol – mae Nia yn cynnig bwydlen hamddenol sy'n llawn blasau ffres. Mae 'na ddewis o gawl tomato a tsili, salad cêl a chnau pinwydd, *tagine* cig oen (os am blataid mwy swmpus), a theisennau poblogaidd fel *brownies*, *rocky road*, teisen *opera* a *mille-feuille* arbennig.

Ar y silffoedd ceir cynnyrch a gomisiynwyd gan Nia ei hun, fel llestri Cymreig poblogaidd Keith Brymer Jones – y seren o seramegydd o Gaint – a Felicity Elena Haf o

Aberystwyth. Ar ben hynny, ceir cynnyrch cyfoes Peris & Corr o Ben-y-groes, Gwynedd, a'r artist Valériane Leblond o Ffrainc, sy bellach yn byw yng Ngheredigion, ynghyd â llieiniau llestri Nia o'i chynlluniau ei hun. Ac er nad deli yn benodol yw Bodlon, ceir detholiad bychan o fwydydd Cymreig, fel siocled Nomnom o Lanboidy, olew Drwytho o Aberdâr, a chracyrs Cradocs o ardal Aberhonddu.

Mae delwedd y siop yn andros o drawiadol, gan gyfuno decor lled wledig â naws *shabby-chic*. Nid cyd-ddigwyddiad mo'r ffaith fod yno naws 'stafell fyw', gan mai cartre oedd yno'n wreiddiol. Pe bai'n rhaid iddi ddewis ei hoff gornel, yna'r wal ac arni ddarn o 'shinc' o Fferm Blaenbowi, cartre ei theulu yng Nghapel Iwan, fyddai hwnnw. Mae hi hefyd yn hoff iawn o fwrdd y ffenest a'r fainc o Gapel Elim, Ffynnon-ddrain, lle bu'n athrawes ysgol Sul am bum mlynedd ar hugain.

Yr hyn sy'n rhoi'r balchder mwyaf i Nia yw sgwrsio â'r cwsmeriaid, a'u gweld nhw'n dychwelyd yn rheolaidd gyda'u ffrindiau. Cofiwch hefyd am siop Bodlon yn yr Hen Lyfrgell yn y ddinas – ond ewch am baned ymlaciol i'r Eglwys Newydd da chi.

Caffi Bodlon, 12 Heol y Parc, Yr Eglwys Newydd, Caerdydd CF14 7BQ
07825444233

Canna Deli
Pontcanna

Ar drothwy ei phen-blwydd yn ddeg ar hugain, arallgyfeiriodd Elin Wyn Jones o fod yn Bennaeth Gwyddoniaeth yn Ysgol Dyffryn Nantlle i redeg caffi hynod hyfryd yng Nghaerdydd. A hithau'n ferch fferm laeth Rhyd y Delyn yn Rhos Cefn Hir, Sir Fôn, gwelodd lwyddiant ei rhieni gyda'u caws gwobrwyol a phenderfynodd newid ei gyrfa ei hun.

Fel un sy'n dotio ar gaffis, gŵyr hi'n iawn beth sydd at ei dant o'r eiliad gyntaf y mae'n croesi pob rhiniog. Ym marn Elin, mae'r llawr yn allweddol, a dewisodd sylfaen bren *parquet* fel llwyfan i'w chaffi hi. Ond yn bwysicach na'r dodrefn, sy'n cynnwys manylion o Fôn, fel cratiau pren y silffoedd, a chloch buwch o'r fferm a genir bob dydd i ddynodi amser cau, mae cynnyrch y caffi a'r deli yn allweddol.

A hithau wedi hen arfer teithio o amgylch marchnadoedd ffermwyr yn gwerthu cawsiau Rhyd y Delyn a Môn Las y teulu, daeth i adnabod nifer o gynhyrchwyr artisan, ac mae nwyddau nifer o'r rheini i'w gweld ar y silffoedd. Ymhlith y rhain y mae creision blasus Jones o Gymru, bisgedi sawrus cwmni Cryms,

cynnyrch Cwt Caws a choffi crefft Poblado.
Yn wir, yn achos y coffi – sy'n atyniad
mawr – caiff y ffa eu rhostio yng ngardd
gefn Steffan Huws ger y Groeslon. Crëir
y teisennau bendigedig gan gyd-letywr
Elin yng Nghaerdydd, Laurent, ac mae'i
greadigaethau ef yn werth eu blasu.

Mae Elin yn dychwelyd adre'n gyson ar hyd
yr A470 – a dyna enw naturiol, felly, i'r caws
Cheddar diweddaraf, a gaiff ei fygu'n lleol ym
Mhontcanna. Ond does dim angen troedio'n
bell i gael adlais o'r famynys, gan fod Gwenno
Penrhyn, siop Kiti Cymru (*boutique* ffasiynol
y drws nesa i'r deli), yn ffrind i'r teulu o Sir
Fôn.

Rhwng y ddwy, mae datblygiad newydd
Pontcanna Mews yn ganolfan fyrlymus o
Gymreictod. Yn wir, yr hyn y mae Elin yn
mwynhau'i weld yw cwsmeriaid yn dychwelyd
yn gyson ac yn feunyddiol, ac wynebau
newydd yn darganfod y caffi drostynt eu
hunain – a gwên lydan gan bob un ohonynt.

Canna Deli, Uned 2 a 3,
Pontcanna Mews, King's Road,
Caerdydd CF11 9DF
07767 726902

Glanmor's
Caerffili

Wrth syllu trwy ffenest hafan caffi Glanmor ar Gastell Caerffili, mae'n anodd credu y gallech chi, ganrifoedd yn ôl, fod wedi bod yn dyst i wrthryfeloedd Llywelyn ap Gruffudd, Madog ap Llywelyn a Llywelyn Bren o'r union fan.

Rhyfedd meddwl yn ogystal mai cofeb y diddanwr Tommy Cooper, a aned yn lleol, sy'n sefyll dafliad carreg i ffwrdd. Un peth sy'n sicr, mae 'na lawer i'w brofi wrth wylio'r byd yn mynd heibio o'ch cadair yng nghaffi Glanmor, Caerffili.

Wedi llwyddiant aruthrol becws Glanmor Evans yn lleol, agorodd gaffi i'w wraig, Lynne, yng nghanol y dre yn 1995. Roedd ganddi eisoes syniad pendant o'r math o gaffi yr hoffai ei redeg, wedi iddi fwynhau gwibdaith 'nôl drwy amser yng nghaffi Betty, yn Harrogate un tro.

Dyna i raddau a gewch chi yng Nghaffi Glanmor, diolch i wisgoedd y staff, sy'n

cynnig adlais o'r gorffennol. Ac mae'r dewis o deisennau yn ddihafal – y darten gwstard boblogaidd, teisennau hufen ffres, *gateau* ffrwythau a chacen siocled. Gweinir pob paned o de a choffi o debot i gwpan tsieina ar soser – y pethau bach sy'n gwneud gwahaniaeth, meddai Lynne.

O gofio lleoliad cyfleus y caffi gyferbyn ag un o gestyll mwyaf gwledydd Prydain, y mae'n aml yn orlawn o dwristiaid, a chawl cig oen a phice bach sydd at eu dant hwy.

Er mawr dristwch i Lynne, bu farw Glanmor yn 2002 – eu mab, Russell, sydd bellach yn rhedeg y becws. Ond bu'r caffi'n achubiaeth, ac ymysg ei ffefrynnau hi mae salad syml, neu baned o de a theisen gri. Mae ansawdd y bwyd yn deyrnged i safonau uchel ei gŵr, oedd hefyd yn ddarlithydd mewn technoleg bwyd.

Dewis da am le i eistedd fyddai'r bwrdd cefn nesa at y ffenest, a llun o Tommy Cooper ar y wal uwchben – rhodd gan ei gefnder.

Glanmor's, Uned 30,
Canolfan Siopa Cwrt y Castell,
Caerffili CF83 1NU
02920 888355

Moruzzi & Co
Castell-nedd

Daeth Ernesto a Maria Moruzzi o Bardi i Gymru yn 1903, i sefydlu caffi gwreiddiol Moruzzi & Co. ym Mro Ogwr. Wedi hynny, agorwyd Cosy Café ganddynt yng Nghastell-nedd. Yno y ganed Remo, eu mab ieuengaf, yn 1933. Roedd yn fachgen gwantan ei ysgyfaint ac oherwydd gofidion am lygredd y glofeydd, fe'i hanfonwyd, er lles ei iechyd, at deulu 'nôl yn yr Eidal. Ychydig a wyddai'r teulu na welent mohono eto tan iddo ddychwelyd i Gastell-nedd yn bedair ar ddeg oed.

Tra oedd yntau oddi cartre, gwelwyd cychwyn yr Ail Ryfel Byd, a throdd y byd ben i waered. Pan gyhoeddodd Mussolini yn 1940 fod yr Eidal yn mynd i ryfel yn erbyn Prydain, arestiwyd llu o berchnogion caffis oedd yn Gymry Eidalaidd, gydag Ernesto yn eu plith. Cafodd yntau ei orfodi ar long yr *Arandora Star*, oedd yn hwylio o Lerpwl i garchar rhyfel yng Nghanada. Ond fe'i drylliwyd gan long danfor Almaenig oddi ar arfordir gogledd Iwerddon. Bu farw dros 800 o ddynion, gyda bron i 500 ohonynt yn Eidalwyr; canfuwyd corff Ernesto ger Donegal, a chafodd ei gladdu yno.

Pan ddychwelodd Remo i Gastell-nedd, aeth i weithio i'r Cosy Café, cyn sefydlu caffi MC ar y cyd â'r teulu Colombotti ger Neuadd Gwyn y dre; ar droad yr 1960au, caffi'r Mods oedd yr MC, a'r Express Café oedd tiriogaeth y Rocars.

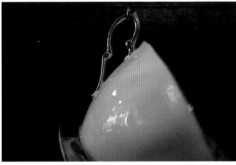

Yn 1969, ganed mab Remo, Paul, sy'n cofio ei *nonna*, Maria, yn byw uwchben y caffi ymhell i'w nawdegau. Mor ymroddgar oedd Remo fel mai dim ond am hanner diwrnod yr wythnos y byddai yntau a'i frawd yn dewis gadael y caffi. Treuliwyd yr oriau rhydd hynny yn y car, wrth i'r teulu ymweld â chyfeillion mewn caffis Eidalaidd cyfagos. Ond yn 1977 daeth tro ar fyd wrth i Remo gefnu ar fyd caffis y dre, a throi yn hytrach at redeg stondin

ddillad Paul's yn y farchnad. Yn 1988, ymunodd Paul â'i dad yn y busnes ffasiwn, gan sefydlu siop Tempo yn Abertawe, cyn agor cangen arall yn hen garej Croft yng Nghastell-nedd.

Dros ddegawd yn ddiweddarach, ailgynheuodd fflam y Moruzzis, wrth i Paul ehangu'r busnes i gynnwys caffi. Mae Moruzzi & Co. yn gaffi unigryw, sydd, wrth edrych i'r dyfodol, yn parchu hanes y teulu hefyd. Mae'r gofod agored gyda'i ddodrefn Cymreig, lloriau pren derw, meinciau capel Porth Tywyn a byrddau caffi dirwest Pontardawe yn estyn gwahoddiad i chi fwynhau naws y gorffennol – wrth i chi sipian eich paned o goffi. Gweinir bara *focaccia* a chyw iâr a rhosmari, Aperol Spritz, a brechdan *Moruzzi*: tomatos heulsych, *mozzarella*

a ham Parma yw'r cynhwysion hynny, sy'n cynnig blas o gynnyrch Bardi yng Nghastell-nedd.

Am flynyddoedd maith, dim ond coffi Eidalaidd fyddai caffi Cymreig yn fodlon ei gynnig; wel, mae'r caffi Eidalaidd hwn yn ymhyfrydu mewn gweini coffi gwobrwyol cwmni Coaltown o Gymru. Serch pryderon Remo am bwysau rhedeg caffi ar ei fab, mae'n cyrraedd bob bore i archebu *latte*. Nid *latte* cyffredin, fodd bynnag, yw hwn, ond un sy'n dwyn enw Remo'i hun. Ar y wal mae 'na lun ohono ef o flaen Caffi MC yng nghanol y dre. Nesa at hwnnw ceir llun o Ernesto o flaen caffi Bro Ogwr, y Moruzzi & Co. gwreiddiol. Mae 'na ofod gerllaw ar gyfer llun o Paul a Remo – ac Oliver, mab Paul – y ddolen nesa yn y gadwyn.

Moruzzi & Co., 2a Heol Croft, Castell-nedd, Castell-nedd Port Talbot SA11 1RW
01639 639682

Parc Pantry
Casnewydd

Byth ers cwrdd â'i gilydd gyntaf yn Ysgol Feithrin y Betws dros chwarter canrif yn ôl, mae Matt Ellis ac Anthony Cook wedi bod yn llawn syniadau. Dilynon nhw'r un cwrs gradd yn union yn Athrofa Prifysgol Cymru, Caerdydd, gan ennill cymhwyster mewn Dylunio Cynnyrch. Ar ôl sefydlu cwmni cynllunio Hoffi rai blynyddoedd yn ôl, penderfynodd y ddau agor caffi lleol. Gan iddynt ymhyfrydu yn eu cornel bach nhw o Gasnewydd, agoron nhw'r Parc Pantry ym maestre Malpas yn 2014.

Diolch i gefnogaeth prosiect Kickstarter, llwyddodd y ddau i roi eu cynllun ar waith. Mor llwyddiannus, yn wir, y bu'r fenter, fel yr agorwyd ail gangen lai na blwyddyn wedi hynny, yn agosach at ganol y ddinas.

Mae'r gangen gyntaf, faestrefol, yn rhoi'r pwyslais ar goffi, ac yn cynnig bwydlen ac iddi naws hamddenol. Un o'r prydau mwyaf poblogaidd yw'r 'pastai mewn bocs' – a weinir gyda thatws stwnsh, nionod crenshlyd a grefi. Mae Anna, o'r Betws, eu ffrind bore oes, yn gyfrifol am y teisennau – cacen Aero ac eirin gwlanog yn eu plith.

Mae popeth sydd i'w weld, gan gynnwys y dodrefn,

ar gael i'w prynu, ac yn cynnig profiad gwahanol i gwsmeriaid. Rhan o'r profiad hwnnw yw teyrngarwch Matt ac Anthony tuag at grefftwyr a chwmnïau lleol, megis canhwyllau Cartref a Gardd, teganau Handstands in the Garden, a chynnyrch Rohanna Roberts o Perth, yng ngorllewin Awstralia; mae hi bellach yn byw ac y gweithio yng Nghasnewydd ac yn cynllunio blodau crefft By Rowy.

Lai na blwyddyn yn unig ar ôl agor Parc Pantry ym Malpas, agorodd y ddau dŷ te ym Mharc Belle Vue. Rhodd i'r ddinas gan Arglwydd Tredegar yn 1891 oedd y parc bendigedig hwn, ac mae'r tŷ te yn gaffaeliad i'r dre. Mae lliwiau'r parc yn werth eu gweld trwy gydol y flwyddyn; a pha ffordd well i'w mwynhau na thros baned o de?

Parc Pantry, 163–165 Larch Grove, Malpas, Casnewydd NP20 6LA
01633 853656
www.parcpantry.co.uk

Parc Pantry Tea Rooms, Parc Belle Vue, Heol Caerdydd, Casnewydd NP20 4UR

Sidoli's
Porthcawl

Fel nifer o Gymry Eidalaidd, mae hanes y teulu Sidoli, Porthcawl, yn cychwyn yn Bardi, rhanbarth Parma, yng ngogledd-orllewin yr Eidal. Daeth Pietro, y penteulu, i ymuno â'i rieni yng Nghaerau ger Maesteg, ac yntau'n ddeg mlwydd oed. Yno, ar Heol yr Orsaf, fe agorwyd caffi cynta'r teulu. Pan oedd yn fachgen, arferai Pietro yrru ceffyl a chert i werthu'r hufen iâ ar draeth Porthcawl, cyn agor ei gaffi ei hun yno yn 1960.

Byw uwchben y caffi y mae Pietro erbyn hyn, tra bo Mario, ei fab hynaf, yn cynnal y busnes, a'i frawd Tio yn rhedeg y parlwr hufen iâ, Pietro's, ger y prom gerllaw. Hyd heddiw, maen nhw'n dal i lynu at rysáit wreiddiol y teulu. Ond bu tro mawr ar fyd dros y blynyddoedd, a bellach gwerthir pymtheg o flasau gwahanol, gan gynnwys coffi, diliau mêl a chnau cyll, ac mae'r hufen iâ fanila a mefus gwreiddiol yr un mor boblogaidd ag erioed.

Cynllun *art deco* cyfandirol sydd i'r caffis trawiadol, gyda chownteri a fewnforiwyd o Ancona, yn seiliedig ar batrwm parlwr hufen iâ traddodiadol. A dim ond un math o goffi a weinir yn Sidoli's – Segafredo, 'y coffi gorau yn y byd'. Gwelodd Mario ffasiwn coffi yn newid yn sylweddol dros y blynyddoedd ymysg paneidwyr Porthcawl. Ddegawdau yn ôl, coffi du fyddai'r archeb, gyda dropyn bach o laeth; erbyn hyn, diolch i'r dylanwad Americanaidd, mae 'na fwydlen goffi hyd eich braich!

Gweinir y coffi, yr hufen iâ, a'r *paninis* poblogaidd bob dydd o'r flwyddyn, heblaw am ddydd Nadolig a Gŵyl San Steffan (yr olaf er mwyn cael cefnogi tîm pêl-droed Caerdydd).

Yn wir, ceir portread o John Charles ar fur y stafell gefn – *Il Gigante Buono* – o Gwmbwrla, Abertawe; adlewyrchiad o deyrngarwch y teulu i'w dîm yntau, Juventus. Pawb, hynny yw, heblaw am Mario, sy'n bleidiol i AC Milan. Ceir hefyd grys rygbi tîm yr Eidal, pan guron nhw Ffrainc yn 2011, ar y wal. Er ei fod yn Gymro, does dim angen gofyn i Mario pwy yw ceidwad ei galon ar ddiwrnod gêm rhwng Cymru a'r Eidal – *Forza Italia* bob tro!

Sidoli's, 16–18 Stryd John, Porthcawl, Bro Morgannwg CF36 3BA
01656 783539

Sidoli's, Porthcawl | De Ddwyrain Cymru

The Hours
Aberhonddu

Creu caffi eu breuddwydion wnaeth Leigh Hendra a Nicola Bickerton wrth agor The Hours, tŷ bwyta sy'n ganolfan ddiwylliannol yn Aberhonddu. Er i'r ddwy ddilyn cyrsiau celfyddydau yn y coleg, gyrfaoedd corfforaethol oedd ganddynt yng Nghaerdydd, cyn penderfynu mai digon oedd digon.

Yn ystod ei phlentyndod, arferai Nicky a'i theulu o Gwmbach fwynhau chwa o awyr iach wrth ymweld â'r dre farchnad gyfagos. Felly pan welodd y ddwy adeilad onglog ei siâp ar werth ar Stryd y Llong, gwyddent mai dyna'r lleoliad perffaith ar gyfer caffi, siop lyfrau a gofod arddangos, a fyddai'n hafan i ymwelwyr o bob math.

Yn wir, mae gan Nicky a Leigh gwsmeriaid sy'n dod i'r caffi'n ddyddiol. Daw un cwsmer, sy'n archebu Marmite ar dost graneri a phaned o de Assam, marce pedwar o'r gloch y pnawn, a bydd cwsmer arall yn dod am Americano am hanner dydd.

Teimlad cartrefol sydd i'r caffi braf hwn, ac mae'n gweini popeth o frecwastau mawrion i felysion sy'n tynnu dŵr o'r dannedd. Beth am *Brychan's Stack* ben bore? Brecwast Cymreig wedi'i bentyrru ar ddarn o dost yw hwnnw (er cof am frenin Brycheiniog o'r 5ed ganrif). Neu os am deisen fendigedig, beth am bwdin taffi afal a chnau Ffrengig gludiog Nicky?

Mae'r detholiad o lyfrau yn ddeniadol tu hwnt, a chloriau nifer ohonynt yn eich denu chi'n syth. Yn amlwg, mae'r pwyslais ar hanes, barddoniaeth a llenyddiaeth Gymreig, ond ceir hefyd lyfrau gwahanol i'r arfer – fel y llyfrau coginio *The Bloomsbury Cookbook* a *Scone With The Wind*.

Yn addas iawn, mae enw The Hours yn deyrnged o fath i un o hoff awduron Leigh, sef Virginia Woolf. Dyna oedd teitl gwreiddiol ei chlasur, *Mrs Dalloway*, sydd i'w ganfod ar y silff nesa at y til. Mae'r caffi'n ganolfan i sawl gŵyl gelfyddydol, gan gynnwys Gŵyl Fenywod Aberhonddu ym mis Mawrth, yn ogystal â nosweithiau tapas, cerddoriaeth a llên. Y tro nesa y byddwch chi'n gwibio heibio ar yr A470, cofiwch am gaffi a wnaiff godi gwên.

The Hours, 15 Stryd y Llong, Aberhonddu LD3 9AD
01874 622800   www.the-hours.co.uk

The Penylan Pantry
Caerdydd

Agorodd The Penylan Pantry ar ddiwedd 2013, gan greu cynnwrf mawr ymysg y trigolion lleol yng Nghaerdydd. Mae'n wir fod yr ardal yn gyforiog o gaffis gwych, ond prin iawn yw'r delis dymunol sy'n cynnig cynnyrch Cymreig.

Dau ffrind gorau sy'n gyfrifol am sefydlu'r hafan hyfryd hon, sydd i'w chanfod yn un o dai Edwardaidd hardd Pen-y-lan. Bu Melissa Boothman – o Fforest y Ddena yn wreiddiol – yn steilydd gyda Vidal Sassoon cyn ymuno â thîm Ken Picton yn y Bae, tra oedd Jolene Collins o'r Betws, Rhydaman, yn arlwyo ar gyfer enwau mwya'r byd adloniant, gan gynnwys Paul McCartney, Rod Stewart, Madonna a Lady Gaga.

Wedi canfod y lleoliad delfrydol ar gyfer eu menter fawr, dafliad carreg o Erddi Waterloo, comisiynwyd gwaith cain y saer coed Steffan Fleming, sy'n asio'n berffaith â'r gofod golau a'r ffenestri mawrion.

Yn ogystal â bara a chawsiau lleol ac artisan, cynigir cigach Cnwd a Trealy Farm, a stondin lysiau organig a thymhorol hefyd. Ar ben hynny, mae 'na gynnyrch amgenach, fel creision betys a chêl, a rhinflas Umami o'r

Ardd Fadarch yn Nantmor, Eryri. Mae'r silffoedd yn llawn llyfrau ryseitiau gan gogyddion o fri fel Nigel Slater, Florence Knight a Mark Hix, sy'n cynnig awen ac ysbrydoliaeth i swper.

Yr hyn sy'n wych am The Penylan Pantry yw'r modd yr aeth y merched ati i gydweithio â busnesau lleol, felly mae'r te yn gynnyrch Waterloo Gardens Teahouse gerllaw. Mae'r te rhosod yn berffaith gyda tharten gwstard Nata & Co., sef becws Portiwgeaidd Stryd Clifton, Waunadda.

Ond ar ddiwrnod gwyntog, gaeafol, a hithau'n tresio bwrw y tu fas, mor braf yw cael bachu bwrdd ger y ffenest a swatio dros bowlennaid o gawl ffres i ginio. Gwell fyth yw'r plateidiau blasus o gigach a chawsiau amrywiol, sy'n ddigon mawr fel na fydd angen swper arnoch y noson honno.

The Penylan Pantry,
72 Ffordd Kimberley Road,
Caerdydd CF23 5DN
07854724980
www.penylanpantry.com

The Plug
Dinas Powys

Taith faith i Awstralia a gododd flys ar Pete a Rachel i agor caffi yn eu pentre genedigol, Dinas Powys; yn benodol, eu harhosiad yn ninas ysbrydoledig Sydney, un o ganolfannau coffi artisan y byd.

Ar ôl dychwelyd, gadawodd Rachel ei gwaith fel athrawes ysgol gynradd, a Pete ei waith yntau fel adeiladwr, er mwyn mynychu cwrs i *baristas* yng Nghernyw, a chanfod angerdd am goffi go iawn. Mae'r angerdd hwnnw i'w brofi yn y caffi *Scandi-chic*, sy wedi prysur ddatblygu'n ganolbwynt y pentre. A gyda beic ar y wal *chipboard*, mae'n hafan hyfryd i seiclwyr wrth ymlwybro ledled Bro Morgannwg.

O gofio'u hoff gaffis ger traeth Manley yn Sydney, a Porthleven yng Nghernyw, roedd y croeso boreol, a'r ymdeimlad cymunedol, yn gwbl greiddiol i'w llwyddiant – a choffi da yn rhan fawr o'u ffordd o fyw.

A sôn am goffi da, dyna'n union a geir bob dydd yn The Plug, gan eu bod nhw'n rhostio eu coffi Masnach Uniongyrchol a ddaw o ffermydd coffi yn Ethiopia, Kenya a Guatemala.

Beth am *deconstructed mocha*, neu driawd ar lechen

ar ffurf *flight*, sef profiad triphlyg o ffa coffi o'r un tarddiad? Cydbwysir chwerwder yr *espresso* â blas hufennog y *cappuccino*, gyda'r coffi ffilter yn glanhau tafod y geg rhwng y ddau. Fel y gŵyr pob *coffee junkie*, mae blas coffi yn amrywio o flas ffrwythau i flas taffi, gan ymylu ar flas te; yn syml, mae 'na goffi i blesio pob dant yma.

Ac i gyd-fynd â'r coffi mae teisennau poblogaidd Pete, a bobir yn ffres bob bore. Mae'r bara banana, neu gnau coco – a haenen denau o fenyn – yn berffaith gyda phaned lefn o *flat white*.

Ac os nad ydych chi awydd coffi o *cafetière*, beth am brofi'r *aeropress*, neu baned o beiriant diferu y V60, neu o system gwactod y Siphon? Peidiwch â dychryn yn lân – ystyriwch hyn fel antur, fel Alice yn camu i lawr y twll cwningen! Ond os ydych chi wir ddim am fentro, yna beth am gychwyn â *babyccino*, a cheir digon o ddewis wahanol fathau o ddail te yn ogystal.

The Plug, 13a Ffordd yr Orsaf,
Dinas Powys, Bro Morgannwg CF64 4DE
07788375102
www.plugcoffee.com

The Prince's
Pontypridd

Cafodd David Gambarini, perchennog The Prince's, ei fagu uwchben y caffi yn Stryd Taf, Pontypridd. Ei swydd gyntaf ef, a'i efaill Joseph, oedd plygu'r bocsys teisennau crand.

Roedd eu tad-cu, Guiseppe, o Bari yn Puglia, eisoes yn berchen ar ddwy gangen o Gambarini's, ym mhentrefi Tylerstown a'r Porth, y Rhondda. Ond roedd chwant cynnal mwy na 'siop Bracchi' ar eu tad, ac i'r perwyl hwnnw mae ganddo enw crandiach na'r caffi cyffredin.

Heddiw, mae camu dros riniog y caffi hwn gyfystyr â chymryd gwibdaith i'r gorffennol. Nid yw The Prince's wedi newid fawr ddim ers 1948, pan gafodd ei sefydlu gan Dominic a Glenys, rhieni David. Gyda'i seddi melfaréd a'i lampau Tiffany, mae'r dodrefn yn dyst i oes euraid *art deco*. Ac mae i'r Grill Room crand ar lawr uchaf y caffi naws urddasol o oes dipyn mwy gwaraidd.

Cewch eich annog i eistedd cyn y daw'r weinyddes, yn ei gwisg ddu a gwyn draddodiadol, draw at eich bwrdd i gymryd eich archeb. Wrth i'r peiriant coffi copr ffrwtian yn uchel yn y cefndir, cewch bendroni pa gacen i'w harchebu. Wedi'r cyfan, ceir 45 o ddewisiadau gwahanol o'r becws i lawr y grisiau. Y deisen fwyaf poblogaidd, heb os nac oni bai, yw'r sleisen gwstard fawr gyda haenen denau o jam ar ei gwaelod. Ond beth am *éclair*, fflan mefus, pwff hufen, Chelsea Bun neu bice ar y maen?

Ceir hefyd ddewis da o fara o'r becws, gan gynnwys torth *batch* neu'r 'Swansea loaf'. Mae honno'n gwerthu'n dda, serch yr elyniaeth ffyrnig rhwng y Jacs a chefnogwyr Pontypridd ar gae rygbi Heol Sardis gerllaw.

Wrth fwynhau'ch *frothy coffee*, cewch ddychmygu mai'r baned o'ch blaen yw'r *coffee dip*, y ffefryn slawer dydd, sef paned o laeth cynnes â dropyn o goffi. Wedi'r cyfan, cyn dyfodiad yr Eidalwyr i'r cymoedd, doedd fawr neb yn y Rhondda wedi arfer ag yfed paned o goffi – nid hyd yn oed y berchnoges Glenys Gambarini – y Gymraes o Gastellnewydd Emlyn oedd yn yfed dim byd ond te!

Er bod yr oes wedi newid, mae cannoedd yn dal i heidio i Prince's er mwyn cael blas o'r gorffennol. Bu criwiau niferus yn ffilmio yno dros y blynyddoedd ar gyfer cynyrchiadau fel y ffilm *Morphine and Dolly Mixtures*, cyfres *The Indian Doctor* a rhaglen goginio Jamie Oliver.

Mae ymweliad â'r caffi yn brofiad cwbl anhepgor wrth droedio palmentydd Pontypridd. Mae'r acen a'r clecs sydd i'w clywed o'ch cwmpas yn cyfrannu'n helaeth i gyfoeth The Prince's. Dewch i ymweld â'r gymuned fyw a phrofwch gynhesrwydd didwyll y cymoedd.

The Prince's, Stryd Taf, Pontypridd, Rhondda Cynon Taf CF37 4SU
01433 402376   www.princesbakery.com

Mynegai